बिखरता आशियाँ

कविता, शायरी, ग़ज़ल...

श्रीराज मेनन

Made with ♥ on the Notion Press Platform
www.notionpress.com

क्रम-सूची

क्रम-सूची

क्रम-सूची

क्रम-सूची

क्रम-सूची

भूमिका

पुस्तक में लेखक द्वारा लिखित हिंदी कविताएँ और शायरी शामिल हैं। इसमें कविताएं, शायरी और प्रेरणादायक उद्धरण शामिल हैं।

इस पुस्तक में लेखक द्वारा लिखी गई कुछ कविताएँ और शायरियाँ हैं जो प्रेम, प्रकृति और जीवन के सामान्य दैनिक पहलुओं पर आधारित हैं। कुछ प्रेरक प्रसंग भी हैं। प्यार में पाया गया प्यार, खोया हुआ प्यार और फिर से जगा हुआ प्यार शामिल है। इसी तरह, प्रकृति में प्रकृति का महत्व है और लोग बिना किसी दुष्प्रभाव के प्रकृति का अपने फायदे के लिए दुरुपयोग करते हैं। सामान्य में जीवन के सामान्य पहलू होते हैं जो लोगों और परिवेश के साथ चलते हैं।

पावती (स्वीकृति)

मैं अपने उन दोस्तों को धन्यवाद देना चाहता हूं जिन्होंने मुझे कविताएं और शायरी लिखने के लिए प्रेरित किया, जिसे मैं कहता था और भूल जाता था। मैं Your Quote प्लेटफॉर्म और उसके सभी सदस्यों और समूहों को भी धन्यवाद देना चाहता हूं जिन्होंने मुझे अनुमति दी और मुझे इसके मंच पर अपनी सामग्री लिखने के लिए प्रेरित किया। मैं नोशन प्रेस और उसके सभी सदस्यों को भी धन्यवाद देना चाहता हूं जिन्होंने मुझे अपनी सामग्री को अपने मंच और समय-समय पर मार्गदर्शन के माध्यम से प्रकाशित करने की अनुमति दी, जो उन्होंने मुझे मेरी त्रुटियों को ठीक करने के लिए दिया।

1. आबाई - खानदानी

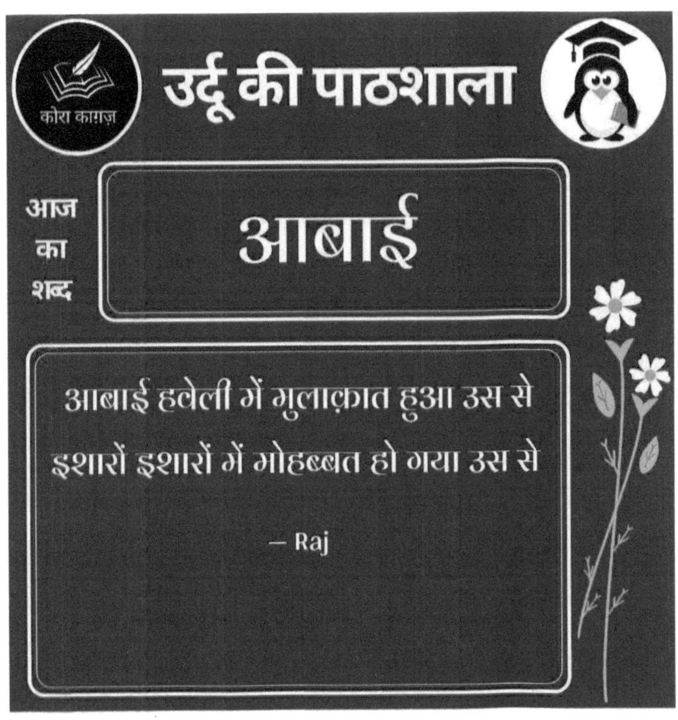

कोरा कागज़
उर्दू की पाठशाला
आज का शब्द
आबाई
आबाई हवेली में मुलाक़ात हुआ उस से
इशारों इशारों में मोहब्बत हो गया उस से
— Raj

2. अन्धा बनाना

अन्धा बनाना

आदत सा है अन्धा बनाना लोगों का
होता रहता है बात बात पर बिगड़ना

लोग यहाँ नाराज़ होने का ढोंग रचकर
फ़ायदा उठा लेते है औरों को फसाकर

दुनिया ही ऐसा है और ऐसा ही चलेगा
कलियुग है घोर यहाँ यही होता रहेगा

— Raj

3. झूठ बे-पर्दा

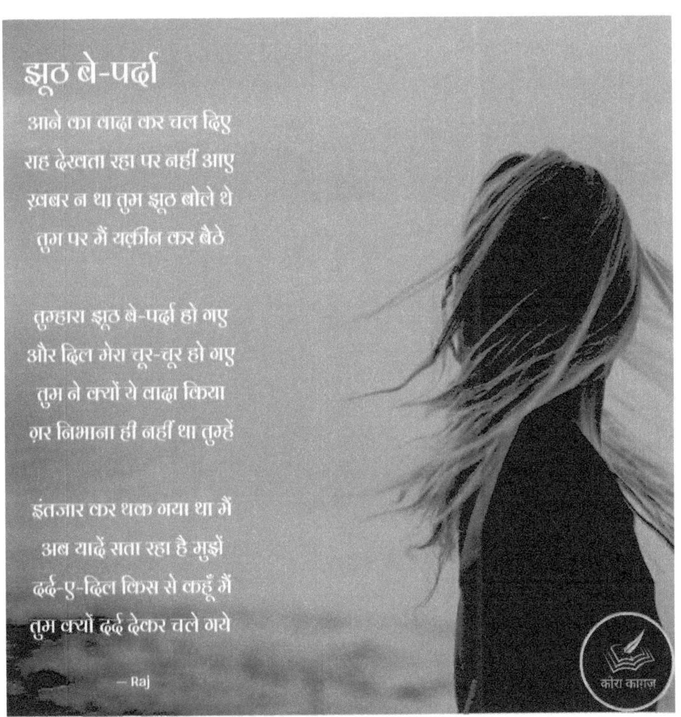

झूठ बे-पर्दा

आने का वादा कर चल दिए
राह देखता रहा पर नहीं आए
ख़बर न था तुम झूठ बोले थे
तुम पर मैं यक़ीन कर बैठे

तुम्हारा झूठ बे-पर्दा हो गए
और दिल मेरा चूर-चूर हो गए
तुम ने क्यों ये वादा किया
ग़र निभाना ही नहीं था तुम्हें

इंतजार कर थक गया था मैं
अब यादें सता रहा है मुझे
दर्द-ए-दिल किस से कहूँ मैं
तुम क्यों दर्द देकर चले गये

— Raj

4. आँखों में बसना

आँखों में बसना
आँखों में बसना जितना आसान है
दिल से उतरना उतना ही मुश्किल

दिल में एक बार जब बस गया तो
दर्द के बिना भूल जाना नामुमकिन
— Raj

5. आस्ताना - दहलीज़

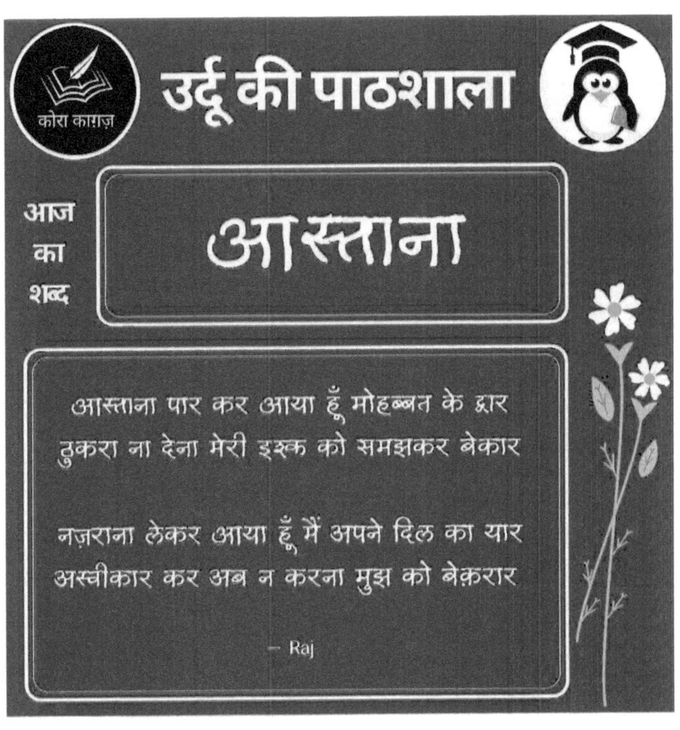
उर्दू की पाठशाला
कोरा काग़ज़
आज का शब्द
आस्ताना
आस्ताना पार कर आया हूँ मोहब्बत के द्वार
ठुकरा ना देना मेरी इश्क़ को समझकर बेकार

नज़राना लेकर आया हूँ मैं अपने दिल का यार
अस्वीकार कर अब न करना मुझ को बेक़रार

— Raj

6. आवाज़-ए-पा - पैरों की आवाज़

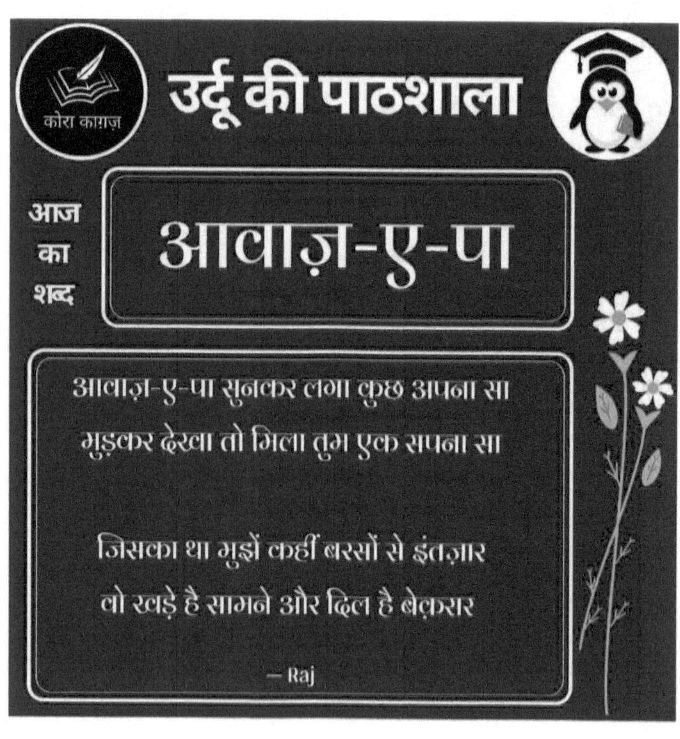

7. आज़ूर्दा - दुखी, सताया हुआ

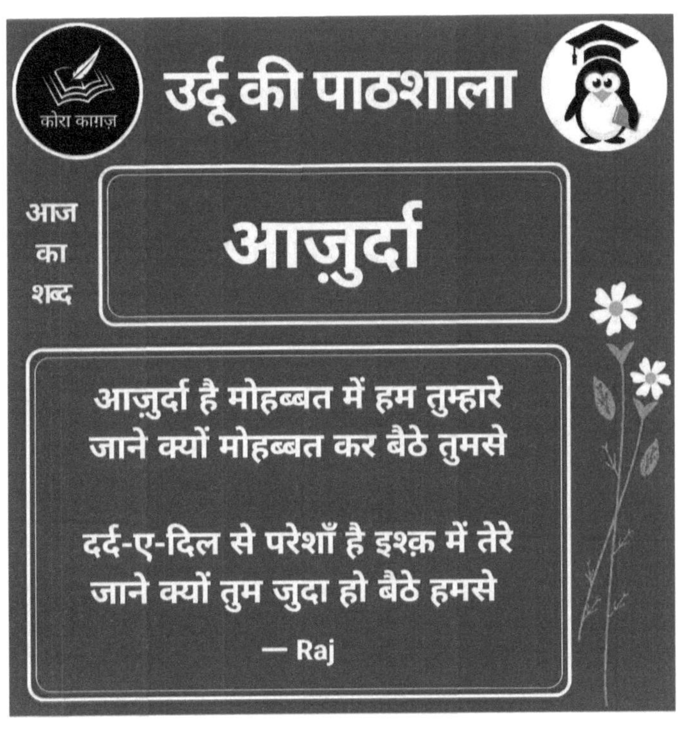

8. आपना राग आलापना

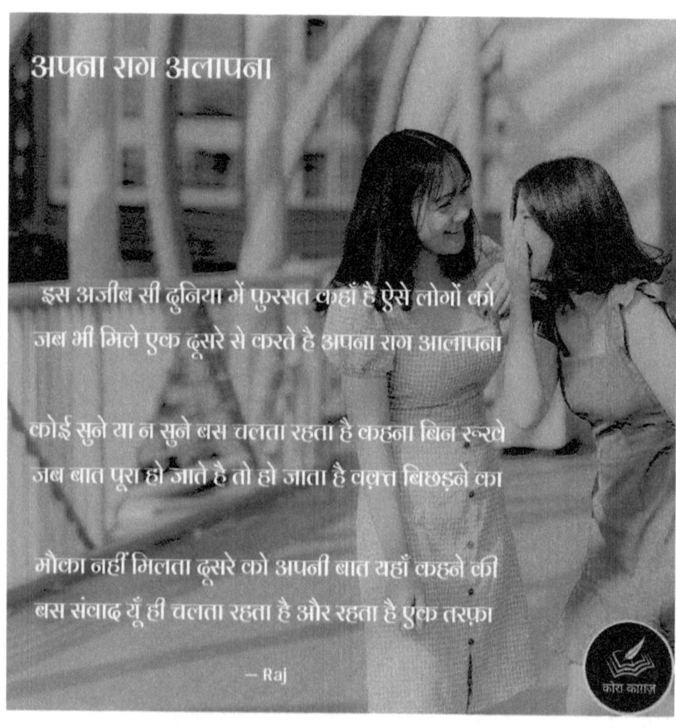

अपना राग अलापना

इस अजीब सी दुनिया में फुरसत कहाँ है ऐसे लोगों को

जब भी मिले एक दूसरे से करते है अपना राग आलापना

कोई सुने या न सुने बस चलता रहता है कहना बिन रुके

जब बात पूरा हो जाते है तो हो जाता है वक़्त बिछड़ने का

मौका नहीं मिलता दूसरे को अपनी बात यहाँ कहने की

बस संवाद यूँ ही चलता रहता है और रहता है एक तरफ़ा

— Raj

9. ग़ज़ल लगते हो

ग़ज़ल लगते हो

अल्फ़ाज़ तेरे ग़ज़ल लगते हो
मोहब्बत तेरे अमृत लगते हो
ये बोली तेरे संगीत लगते हो
ख़ूबसूरती तेरे चाँद लगते हो

दिल की मेरे चाँदनी हो जाओ
इश्क़ में मेरे हमसफ़र हो जाओ
आ पास मेरे दिल में बस जाओ
गले से लग कर इश्क़ भर जाओ

अल्फ़ाज़ तेरे ग़ज़ल लगते हो
मोहब्बत तेरे अमृत लगते हो....

– Raj

10. हाथ मलते रह जाना

11. असासा - धन, दौलत

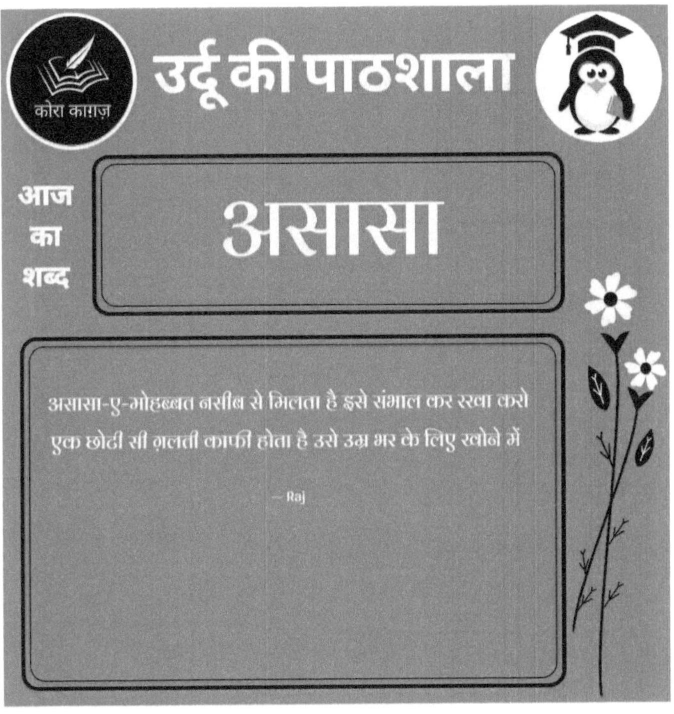

उर्दू की पाठशाला
आज का शब्द
असासा
असासा-ए-मोहब्बत नसीब से मिलता है इसे संभाल कर रखा करो
एक छोटी सी ग़लती काफी होता है उसे उम्र भर के लिए खोने में
— Raj

12. इतना खाएँ जितना पचे

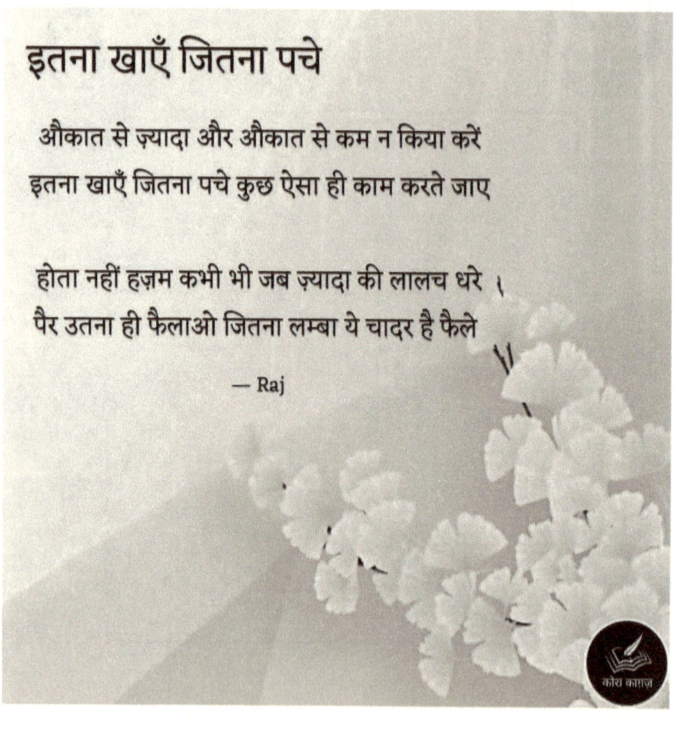

13. अपना दामन झाँक ज़रा

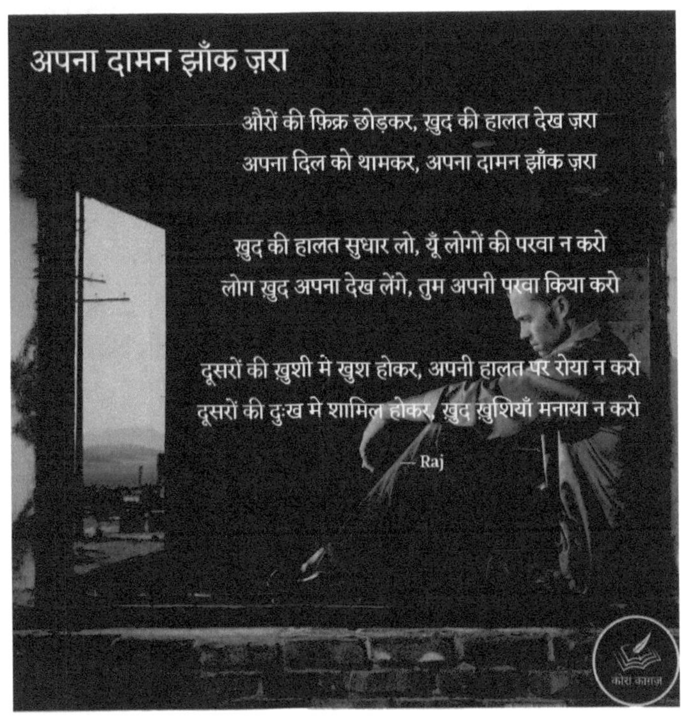

14. अंडे का शहजादा

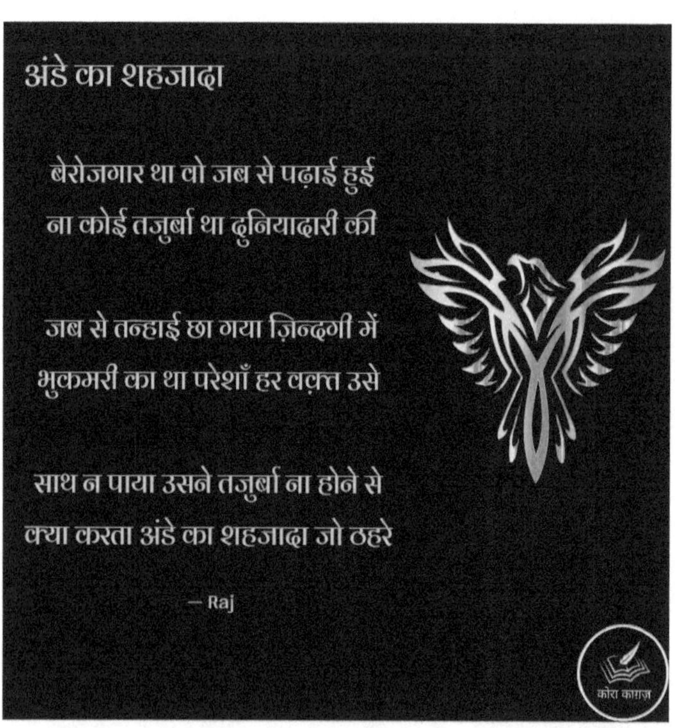
अंडे का शहजादा

बेरोजगार था वो जब से पढ़ाई हुई
ना कोई तजुर्बा था दुनियादारी की

जब से तन्हाई छा गया ज़िन्दगी में
भुकमरी का था परेशाँ हर वक़्त उसे

साथ न पाया उसने तजुर्बा ना होने से
क्या करता अंडे का शहजादा जो ठहरे

— Raj

15. बेशुमार मोहब्बत

16. अश्क आशिक़ी के

अश्क आशिक़ी के

बहता रहा ज़िन्दगी भर
यह अश्क आशिक़ी के
बेहता रहा यूँ आँख्रों से
यह अश्क मोहब्बत के

छुपाकर भी छुपा न सके
बस बहता रहा उम्र भर ये
दर्द बेशुमार दें गया था वो
वो दर्द हम सह भी न सके

बहता रहा ज़िन्दगी भर
यह अश्क आशिक़ी के...

— Raj

17. पहली सी मोहब्बत

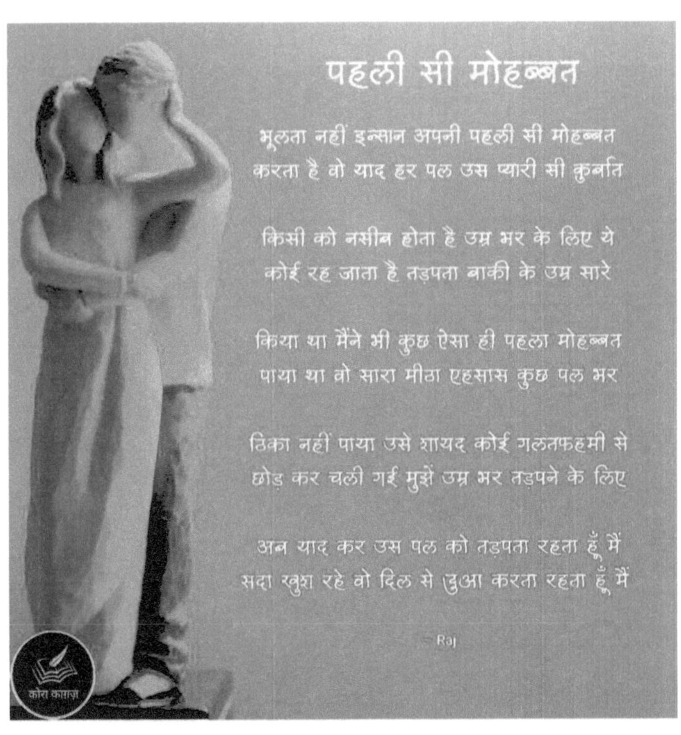

18. अब की अब, जब की जब

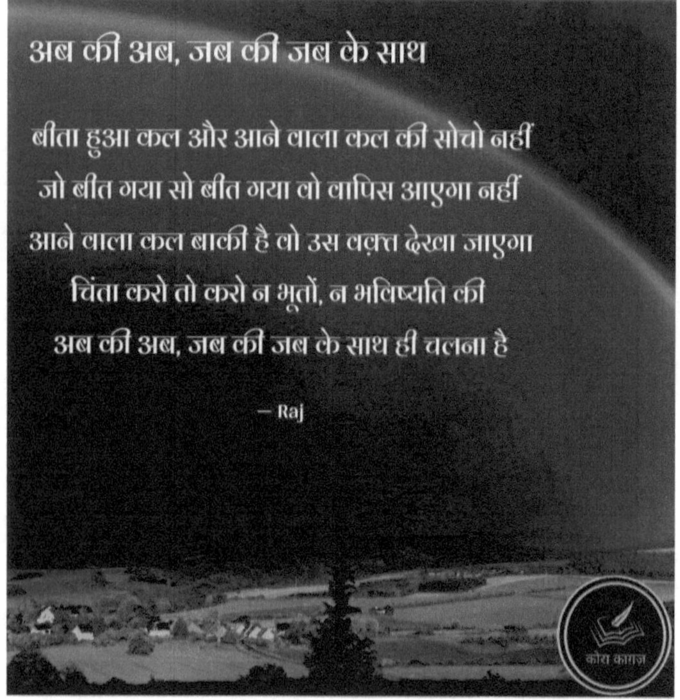

19. विश्वास की डोर

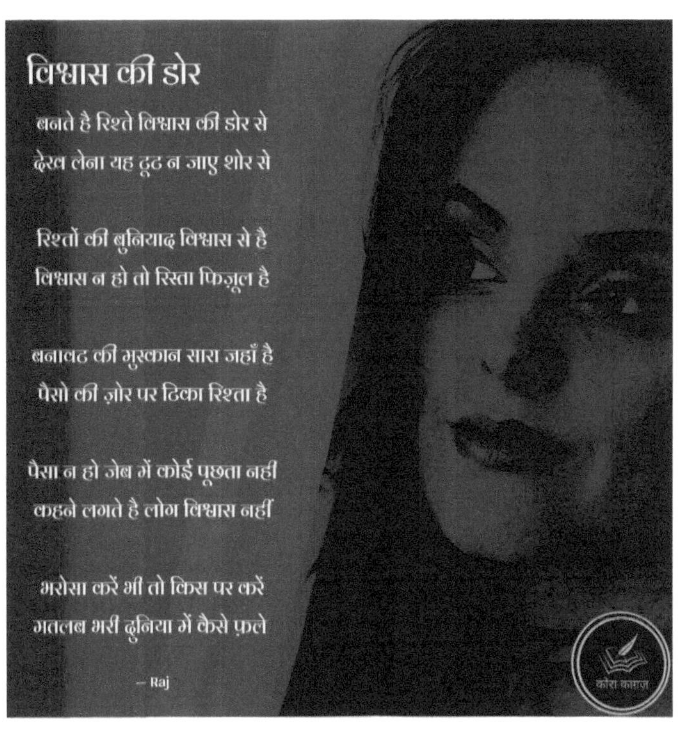

विश्वास की डोर

बनते है रिश्ते विश्वास की डोर से
देख लेना यह टूट न जाए शोर से

रिश्तों की बुनियाद विश्वास से है
विश्वास न हो तो रिस्ता फिज़ूल है

बनावट की मुस्कान सारा जहाँ है
पैसो की ज़ोर पर टिका रिश्ता है

पैसा न हो जेब में कोई पूछता नहीं
कहने लगते है लोग विश्वास नहीं

भरोसा करें भी तो किस पर करें
मतलब भरी दुनिया में कैसे फ़ले

— Raj

20. चाहत में आज़ादी

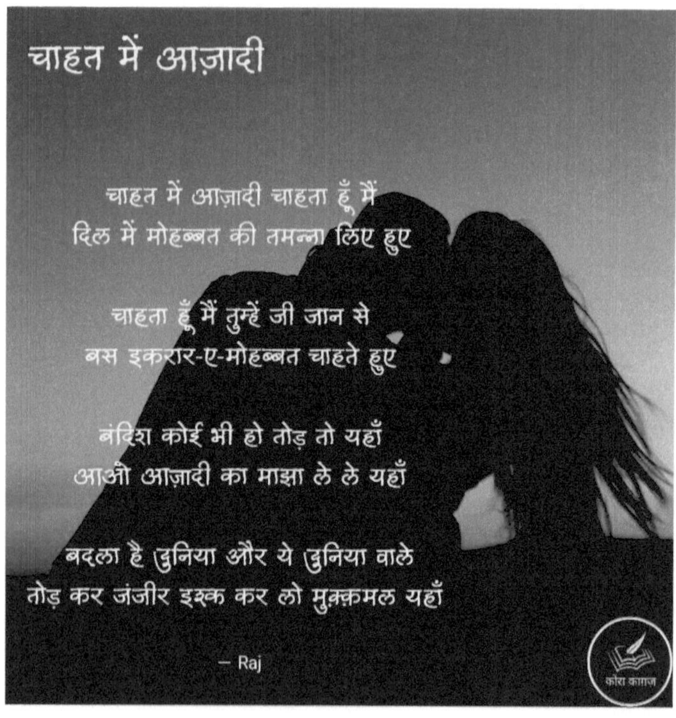

चाहत में आज़ादी

चाहत में आज़ादी चाहता हूँ मैं
दिल में मोहब्बत की तमन्ना लिए हुए

चाहता हूँ मैं तुम्हें जी जान से
बस इकरार-ए-मोहब्बत चाहते हुए

बंदिश कोई भी हो तोड़ तो यहाँ
आओ आज़ादी का माज़ा ले ले यहाँ

बदला है दुनिया और ये दुनिया वाले
तोड़ कर जंजीर इश्क कर लो मुक्क्मल यहाँ

— Raj

21. बिखरता आशियाँ

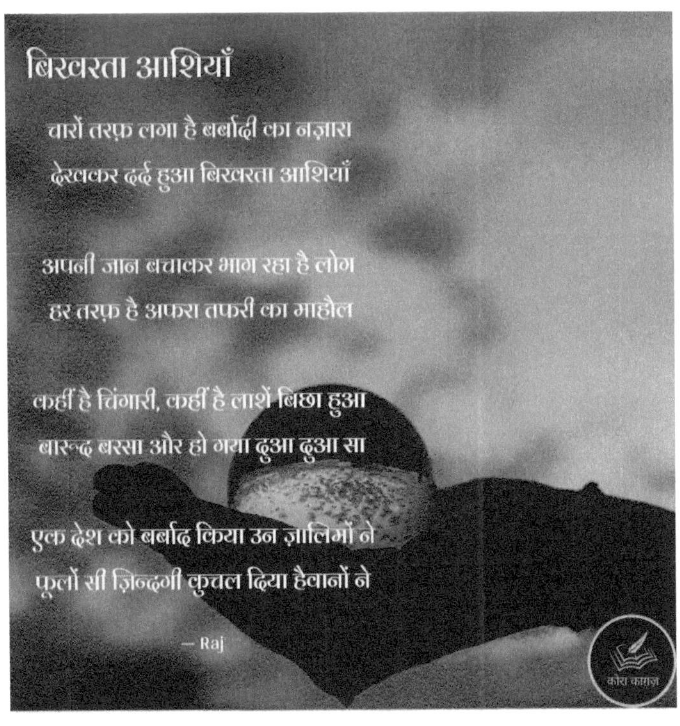

बिखरता आशियाँ

चारों तरफ़ लगा है बर्बादी का नज़ारा
देखकर दर्द हुआ बिखरता आशियाँ

अपनी जान बचाकर भाग रहा है लोग
हर तरफ़ है अफरा तफरी का माहौल

कहीं है चिंगारी, कहीं है लाशें बिछा हुआ
बारूद बरसा और हो गया धुआ धुआ सा

एक देश को बर्बाद किया उन ज़ालिमों ने
फूलों सी ज़िन्दगी कुचल दिया हैवानों ने

— Raj

22. आगे नाथ न पीछे पगहा

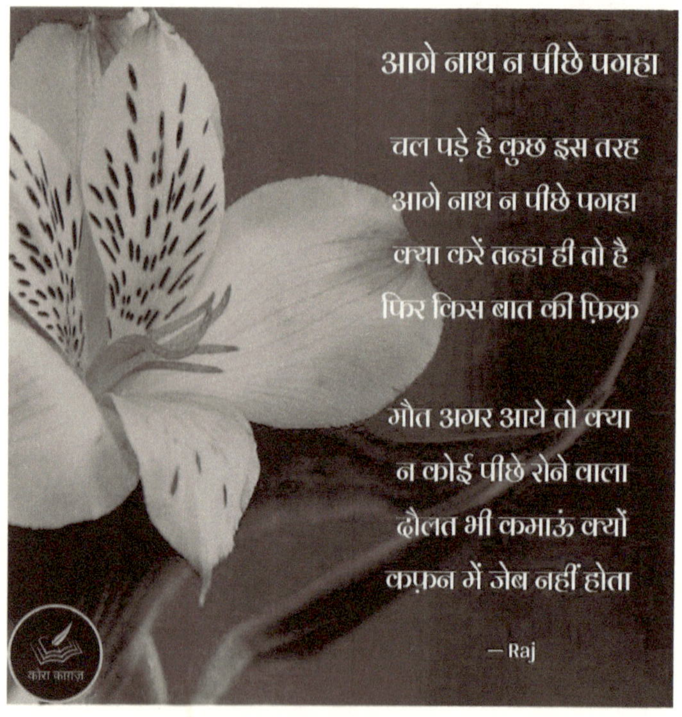

23. गंगा किनारे

गंगा किनारे
चलते है हम गंगा किनारे
हो जाएगा ये जीवन न्यारे
बैठ कर गंगा की गोद में
मोक्ष पाए बचे जीवन सारे

लाशो को जलाकर किनारे
लाशो को बहाकार नदी में
मोक्ष दिलाने की उम्मीद में
उसकी धारा मलिन किया है

शुद्ध कर गंगा की जल को
हम अपना कर्तव्य निभाए
गंगा किनारे पर बैठ कर हम
ध्यान में विलीन हो जाए

— Raj

24. हमसा कहाँ मिलेगा

हमसा कहाँ मिलेगा

ढूंढो सारा कायनात कहीं पर नहीं मिलेगा
एक अलग़ सा नमूना हमसा कहाँ मिलेगा

लोग यहाँ कहीं है जुदा और कहीं है सादा
तलाशों पर नहीं मिलेगा कोई हमसा यहाँ

— Raj

25. बिखरते ख़्वाब

बिखरते ख़्वाब

देखते है ख़्वाब हज़ार
हर रोज दिन और रात
बिखरते ख़्वाब देखकर
यूँ ही हो जाते है परेशान

कब होगा हाज़िल मुझें
यह मंज़िल और ख़्वाब
रास्ते तो बहुत है मगर
कौनसा जाता है उस पार

देखते है ख़्वाब हज़ार
हर रोज दिन और रात....

मुश्किल भरा यह डगर
कैसे करेंगे इसको पार
हौसला तो है मेरा बुलंद
बस चलना है उस पार

देखते है ख़्वाब हज़ार
हर रोज दिन और रात....

— Raj

26. अन्धाधुन्ध लुटाना

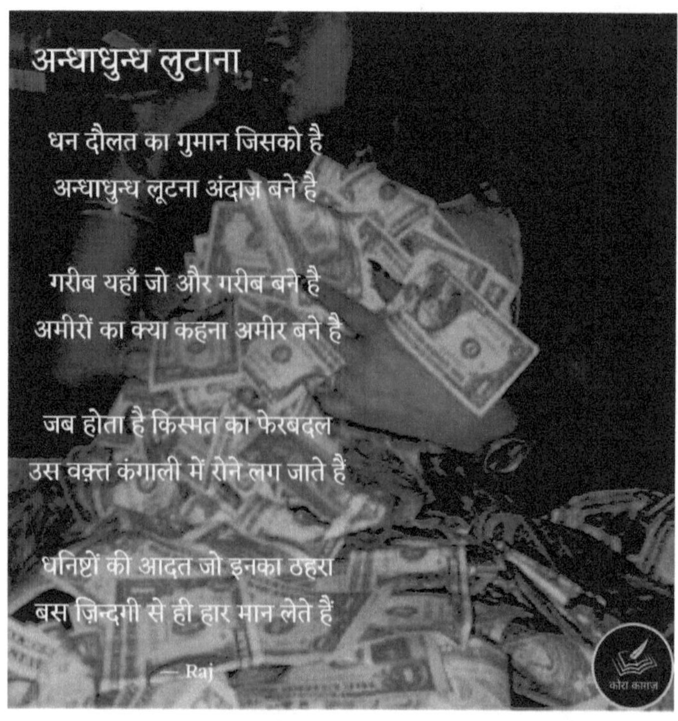

27. दिल की दीवार

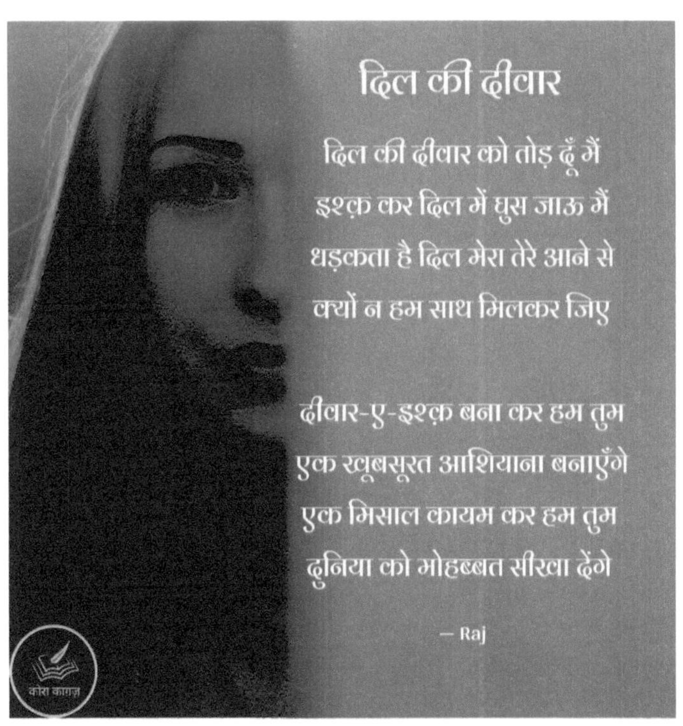

दिल की दीवार

दिल की दीवार को तोड़ दूँ मैं
इश्क़ कर दिल में घुस जाऊ मैं
धड़कता है दिल मेरा तेरे आने से
क्यों न हम साथ मिलकर जिए

दीवार-ए-इश्क़ बना कर हम तुम
एक ख़ूबसूरत आशियाना बनाएँगे
एक मिसाल कायम कर हम तुम
दुनिया को मोहब्बत सीखा देंगे

— Raj

28. दर्द बे-दर्द सा

दर्द बे-दर्द सा

दर्द बे-दर्द सा है ज़िन्दगी में
जुदाई अब सह न पाऊ मैं

छोड़ कर चल दिए तड़पने को
तड़प और सह न पाऊ मैं

कोई तो आ जाए जीवन में
और न सह पाऊ तन्हाई मैं

हर लूँ तकलीफ़ जो है दिल में
दर्द-ए-दिल का मरहम से मैं

— Raj

29. हर्बा - अस्त्र,शस्त्र

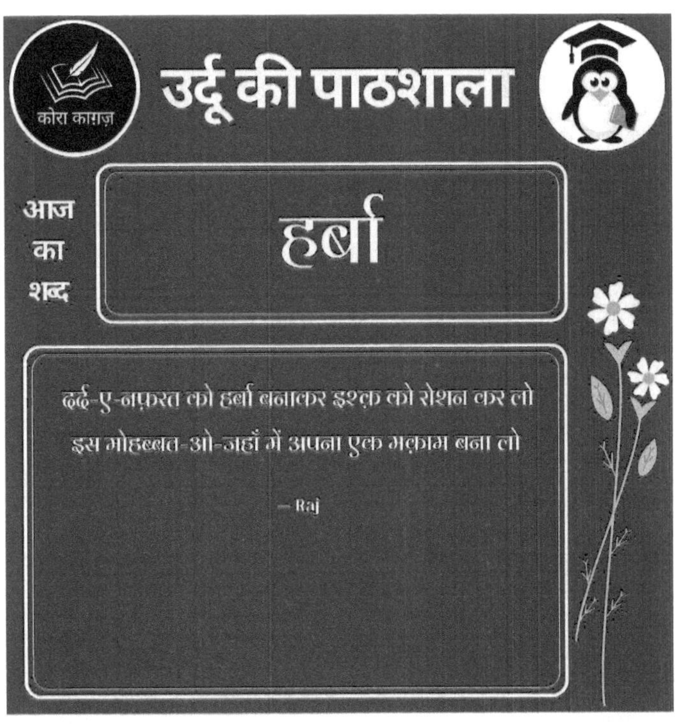

30. फ़रावानी - प्रचुरता, भरमार

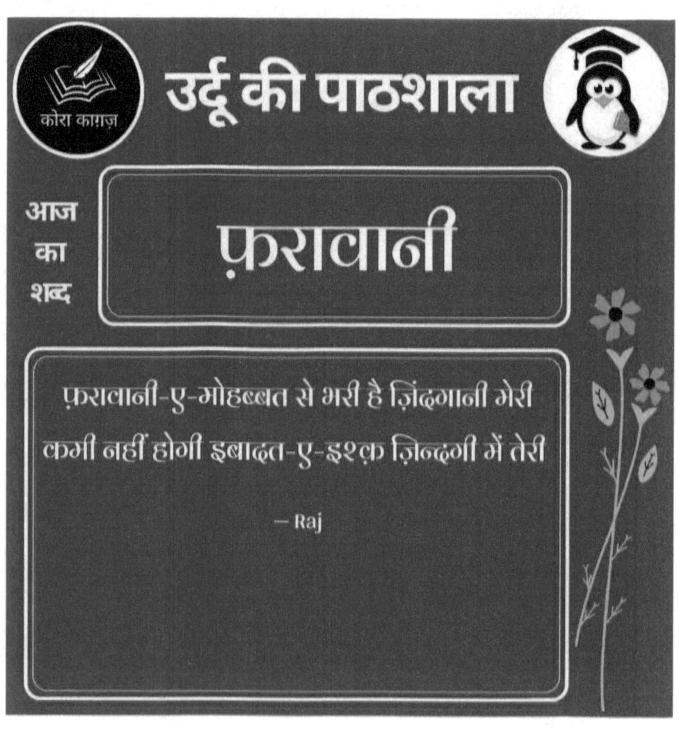

31. ख़ुश्क - सुखा हुआ

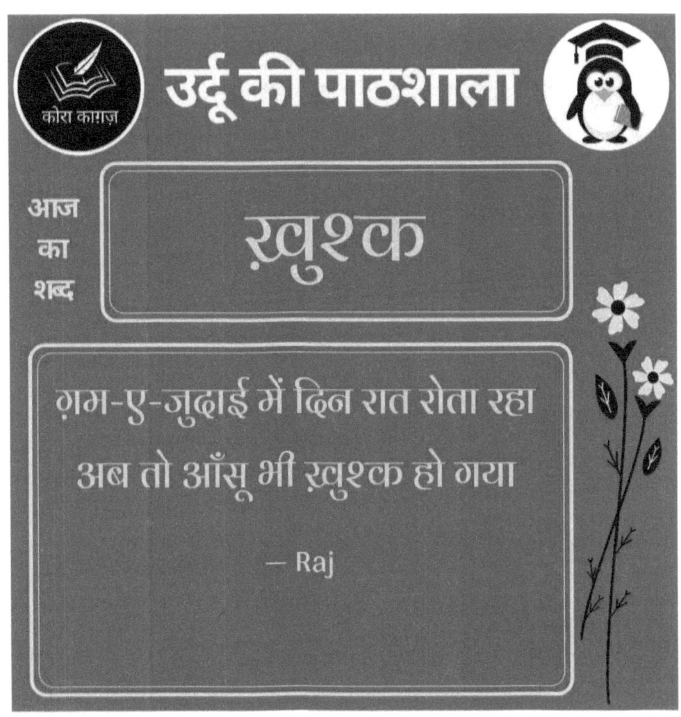

उर्दू की पाठशाला
कोरा काग़ज़
आज का शब्द
ख़ुश्क
ग़म-ए-जुदाई में दिन रात रोता रहा
अब तो आँसू भी ख़ुश्क हो गया
— Raj

32. गर्दिशों के मुसाफ़िर

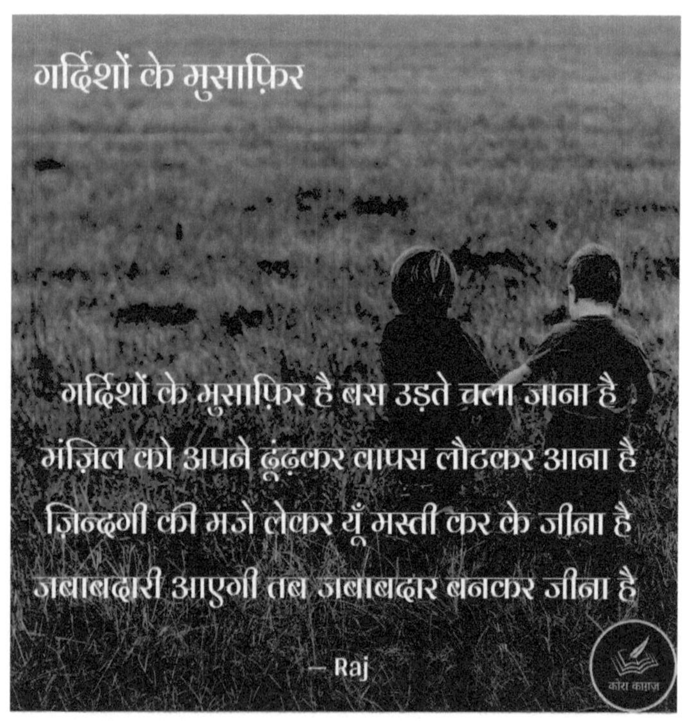

33. इश्क़ के गलियारे

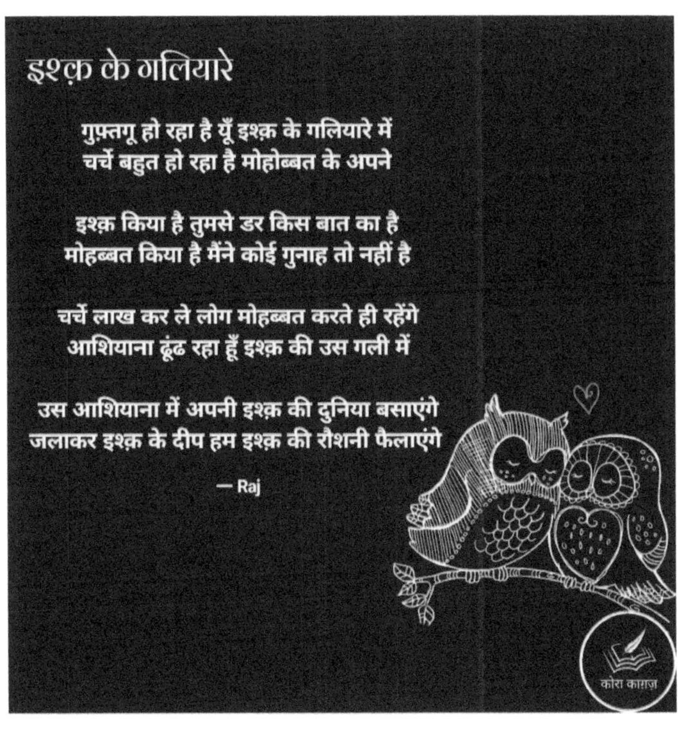

इश्क़ के गलियारे

गुफ़्तगू हो रहा है यूँ इश्क़ के गलियारे में
चर्चे बहुत हो रहा है मोहोब्बत के अपने

इश्क़ किया है तुमसे डर किस बात का है
मोहब्बत किया है मैंने कोई गुनाह तो नहीं है

चर्चे लाख कर ले लोग मोहब्बत करते ही रहेंगे
आशियाना ढूंढ रहा हूँ इश्क़ की उस गली में

उस आशियाना में अपनी इश्क़ की दुनिया बसाएंगे
जलाकर इश्क़ के दीप हम इश्क़ की रौशनी फैलाएंगे

— Raj

34. गुमसुम हो क्यों

गुमसुम हो क्यों

गुमसुम हो क्यों कुछ तो कहो
आएगा बहार मदमस्त में रहो

इंतजार है जिसका आएगा वो
चहरे पर मुस्कान तुम लाते रहो

छाया है मायूसी चहरे पर क्यों
होती हो इतना तुम बेचैन क्यों

खुशियों का मौसम आएगा जरूर
पतझड़ में भी फूल खिलेगा जरूर

— Raj

35. हक़ीक़त से सामना

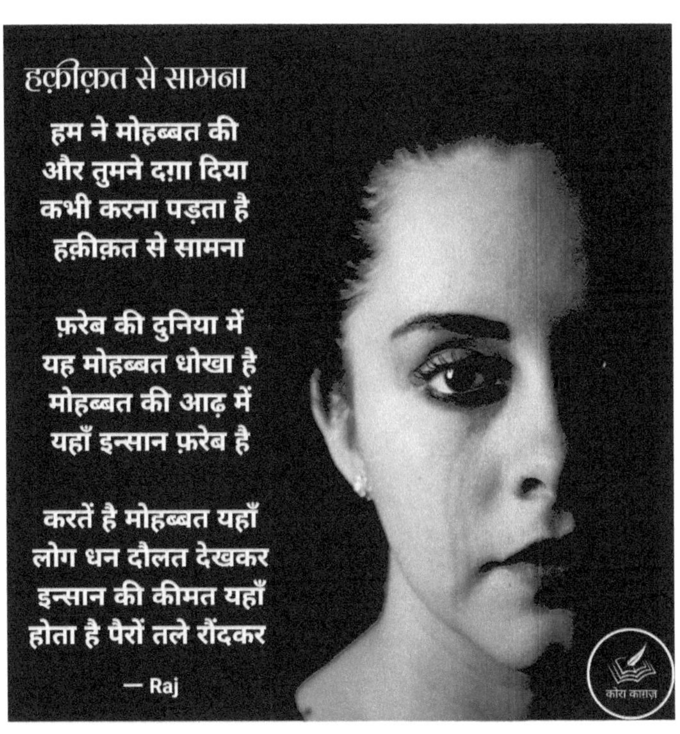

हक़ीक़त से सामना

हम ने मोहब्बत की
और तुमने दग़ा दिया
कभी करना पड़ता है
हक़ीक़त से सामना

फ़रेब की दुनिया में
यह मोहब्बत धोखा है
मोहब्बत की आढ़ में
यहाँ इन्सान फ़रेब है

करतें है मोहब्बत यहाँ
लोग धन दौलत देखकर
इन्सान की कीमत यहाँ
होता है पैरों तले रौंदकर

— Raj

36. अंधेरखाता

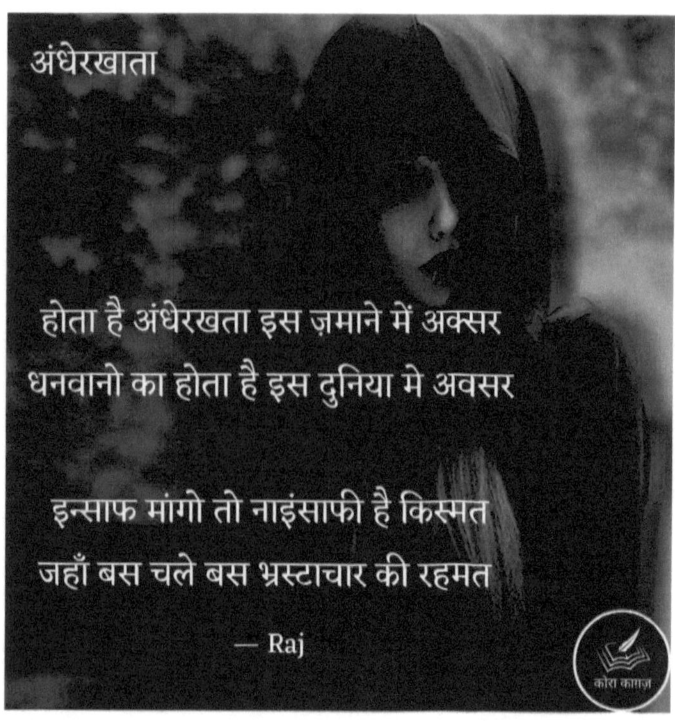

अंधेरखाता

होता है अंधेरखता इस ज़माने में अक्सर
धनवानो का होता है इस दुनिया मे अवसर

इन्साफ मांगो तो नाइंसाफी है किस्मत
जहाँ बस चले बस भ्रस्टाचार की रहमत

— Raj

37. काबुल में क्या गधे नहीं

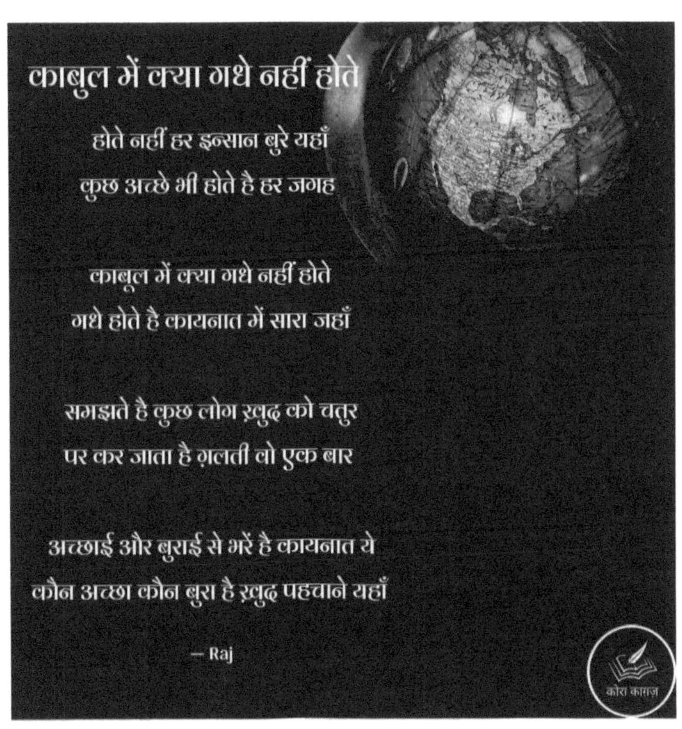

38. हज़ीमत - पराजय, शिकस्त

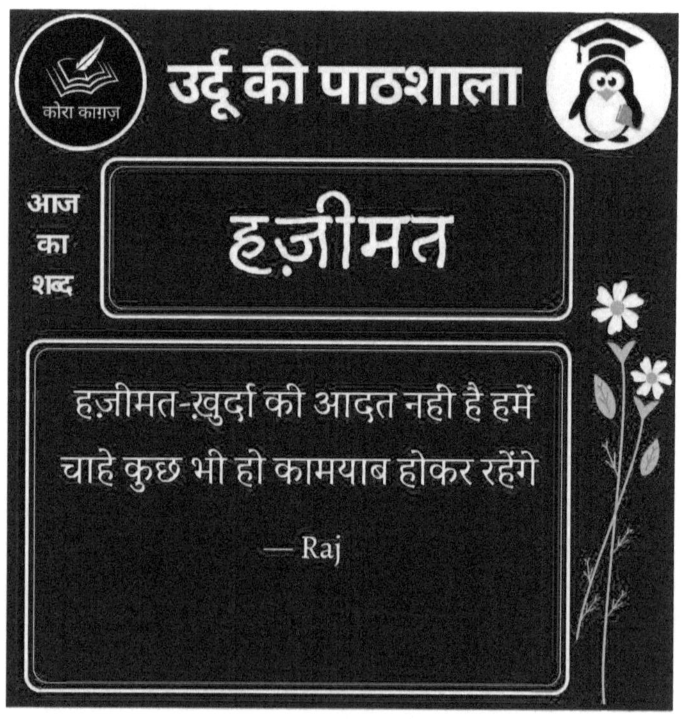

39. बरमला - खुलेआम, खुलम-खुल्ला

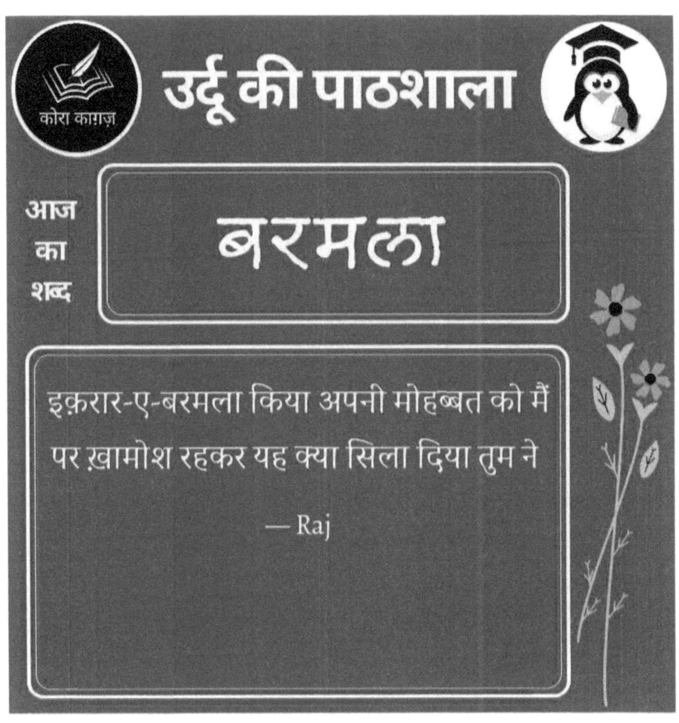

40. तवाना - बलवान

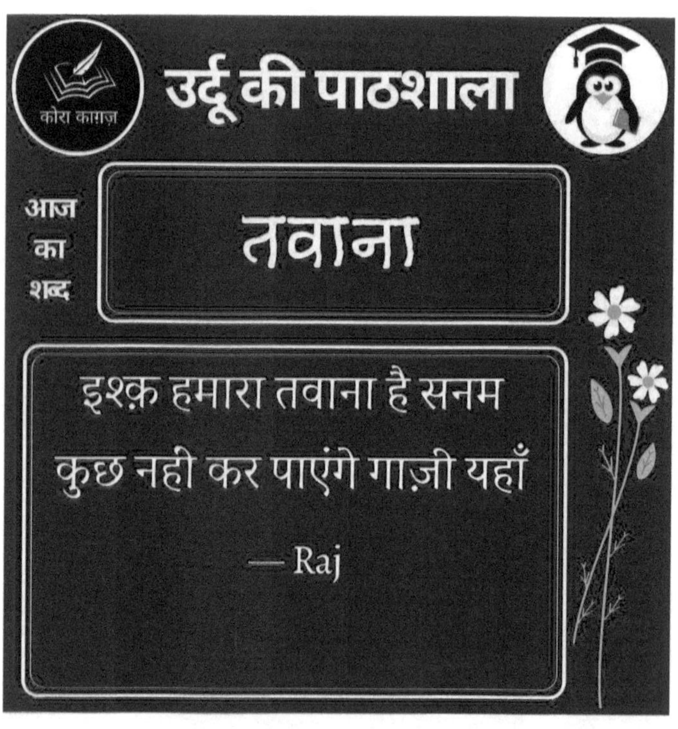

41. तबीब - चिकित्सक

उर्दू की पाठशाला
आज का शब्द
तबीब
इश्क़ का रोग है तबीब चाहिए मुझें
ज़रा पास आओ मरहम चाहिए मुझें
— Raj

42. इश्क़ के सिवा क्या

इश्क़ के सिवा क्या

इश्क़ के सिवा क्या है दिल में हम को ज़रा बतलाये
ये इश्क़ नहीं तो क्या है सनम क्यों तुम इतना घबराये

इज़हार-ए-इश्क़ अपना कर लो कहीं वक़्त न गुज़र जाए
आया हुआ मौका हाथ से न गवाकर जल्दी से बतलाये

— Raj

43. उर्यानी - नग्नता, नंगापन

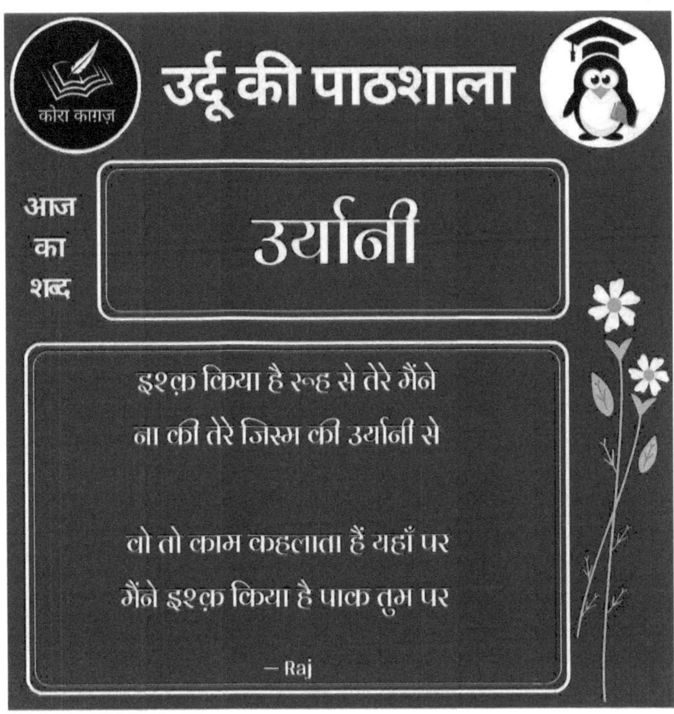

44. हिरास - भय, डर

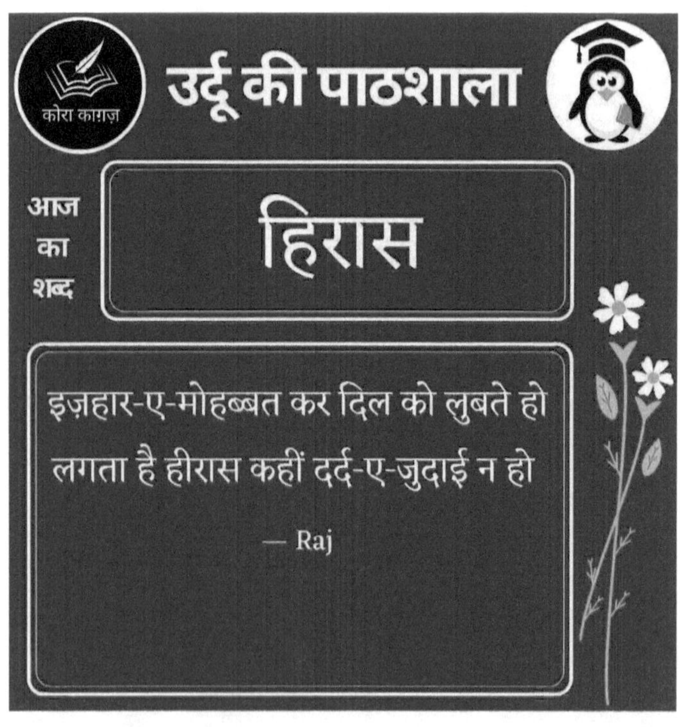

उर्दू की पाठशाला
कोरा काग़ज़
आज का शब्द
हिरास
इज़हार-ए-मोहब्बत कर दिल को लुबते हो
लगता है हीरास कहीं दर्द-ए-जुदाई न हो
— Raj

45. आख़िरी पहर

आख़िरी पहर

इज़हार-ए-मोहब्बत कर गए थे
पर आख़िरी पहर उसने कबूले थे

जब मुलाक़ात हुई ढेर सारे बात हुई
मोहब्बत में दिल की मीठी बात हुई

ये सब देख कर ज़माना जल उठे
जीने नहीं देंगे हमें ऐसा फुहार फूटे

ज़िन्दगी एक बार मिले है जीने के लिए
हम भी खाये कसम जीकर दिखाएंगे

मोहब्बत का पाठ दुनिया को सिखाएंगे
नफ़रत का ज़हर उखाड़ कर फेक देंगे

— Raj

46. वो रूठना-मनाना

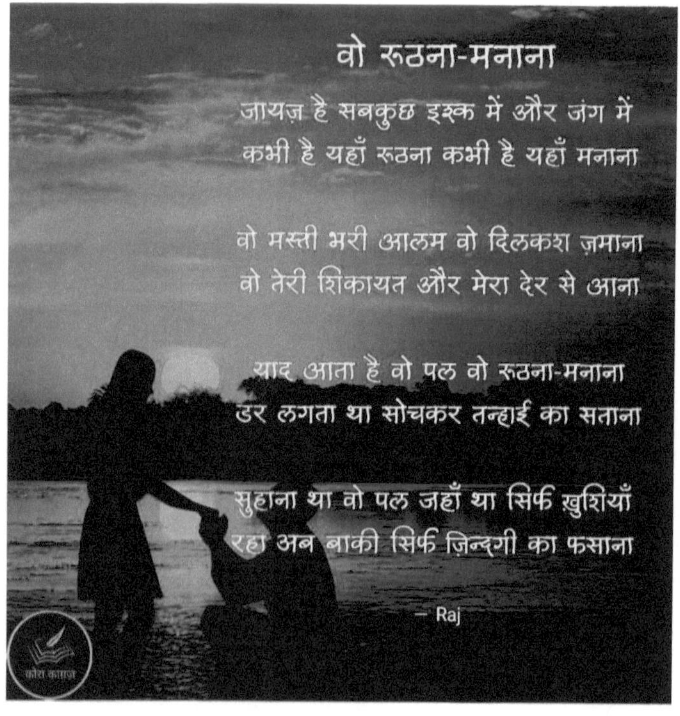

वो रूठना-मनाना
जायज़ है सबकुछ इश्क़ में और जंग में
कभी है यहाँ रूठना कभी है यहाँ मनाना

वो मस्ती भरी आलम वो दिलकश ज़माना
वो तेरी शिकायत और मेरा देर से आना

याद आता है वो पल वो रूठना-मनाना
डर लगता था सोचकर तन्हाई का सताना

सुहाना था वो पल जहाँ था सिर्फ़ ख़ुशियाँ
रहा अब बाकी सिर्फ़ ज़िन्दगी का फसाना

— Raj

47. तुम्हारी तस्वीर...

तुम्हारी तस्वीर बन जाती है
जब भी देखता हूँ दिल में मेरे
तुम्हारी तस्वीर बन जाती है
कोरा काग़ज़ था ये दिल मेरे
अब तेरी ही रंग से रंगीन है

जब भी ख़्याल तेरी सताते है
रातों की नींद मेरा उड़ जाता है
अब जब भी याद तेरी आता है
दिन का चैन मेरा खो जाता है

जल्दी से आजाओ ज़िन्दगी में
अब और न यूँ तरसाओ मुझे
सह ताक रहा हूँ तेरा बरसों से
अब सह ना सकूँ ये इंतज़ार तेरे

— Raj

48. कलेजे पर पत्थर रखना

49. भुलाएँ भी तो कैसे

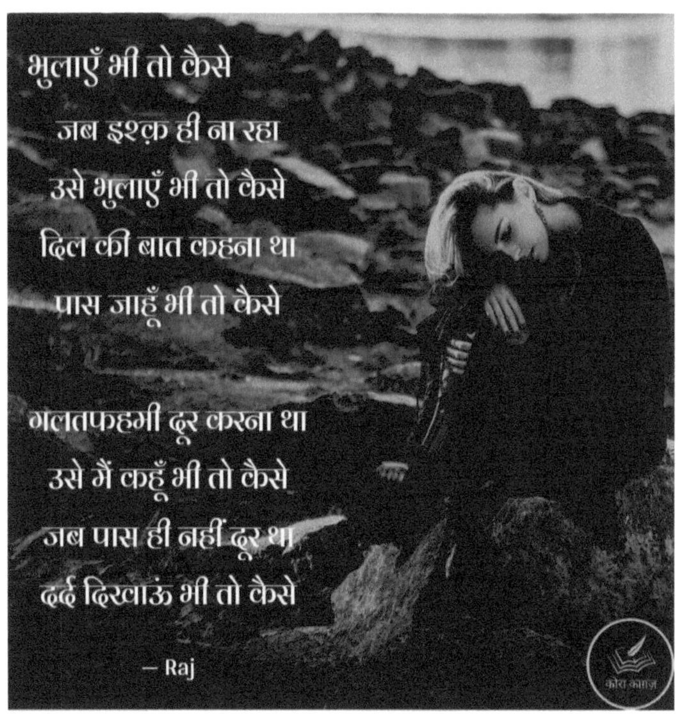

भुलाएँ भी तो कैसे
जब इश्क़ ही ना रहा
उसे भुलाएँ भी तो कैसे
दिल की बात कहना था
पास जाहूँ भी तो कैसे

गलतफहमी दूर करना था
उसे मैं कहूँ भी तो कैसे
जब पास ही नहीं दूर था
दर्द दिखाऊँ भी तो कैसे

— Raj

50. मीन-मेख करना

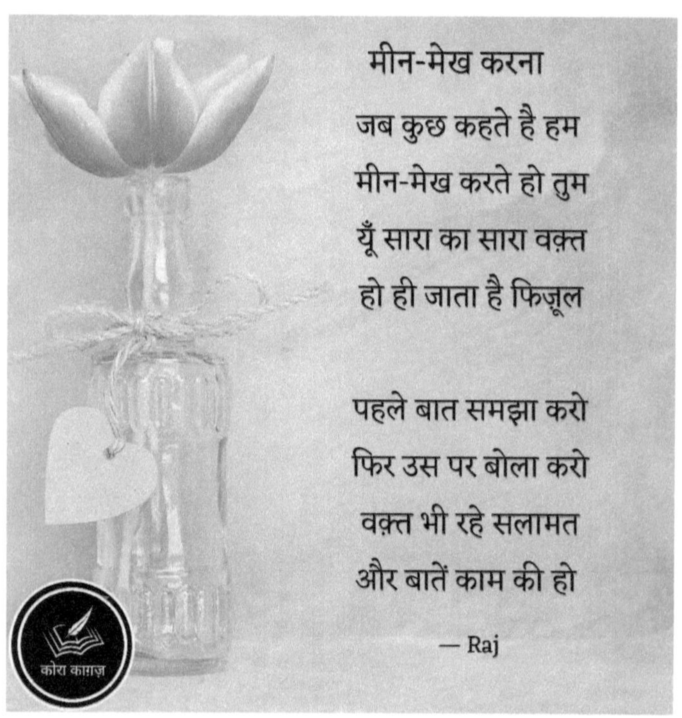
मीन-मेख करना

जब कुछ कहते है हम
मीन-मेख करते हो तुम
यूँ सारा का सारा वक़्त
हो ही जाता है फिज़ूल

पहले बात समझा करो
फिर उस पर बोला करो
वक़्त भी रहे सलामत
और बातें काम की हो

— Raj

51. जब से तुम मिले

जब से तुम मिले
जब से तुम मिले
इश्क़ का फूल खिले
बेरंग सी ज़िन्दगी में
रंगों की बौछार हुए

सदा देना साथ मेरे
सह न पाऊ जुदाई तेरे
दिल में बसें हो मेरे
जीवन जन्नत सा लगे हैं

इश्क़ किया है तुमसे
करता रहूँगा सदा मैं
वीरान सी ज़िन्दगी में
बहार का गुल खिले हैं

तन्हाई न सह पाऊ मैं
छोड़कर न जाना मुझें
रहेंगे साथ सदा हम तुम
एक आशियाना बनाएँगे

— Raj

52. आगे जाए घुटने टूटे...

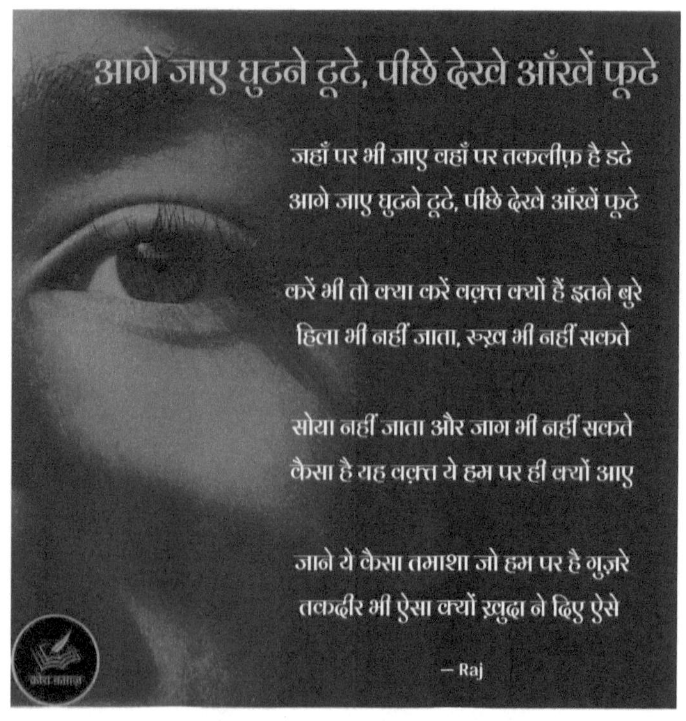

53. अपना किया पाना

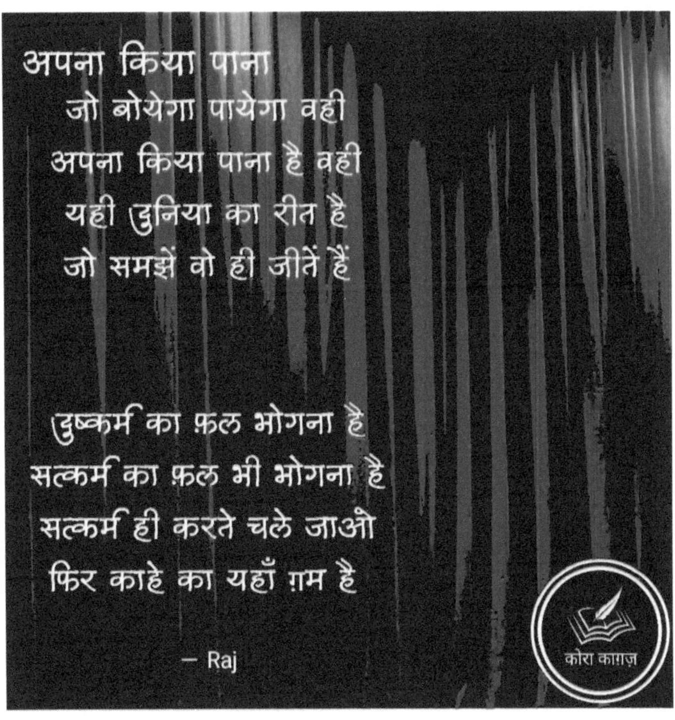

अपना किया पाना
जो बोयेगा पायेगा वही
अपना किया पाना है वही
यही दुनिया का रीत है
जो समझें वो ही जीतें हैं

दुष्कर्म का फल भोगना है
सत्कर्म का फल भी भोगना है
सत्कर्म ही करते चले जाओ
फिर काहे का यहाँ ग़म है

— Raj

54. मुस्तक़र - टिकाना, जगह

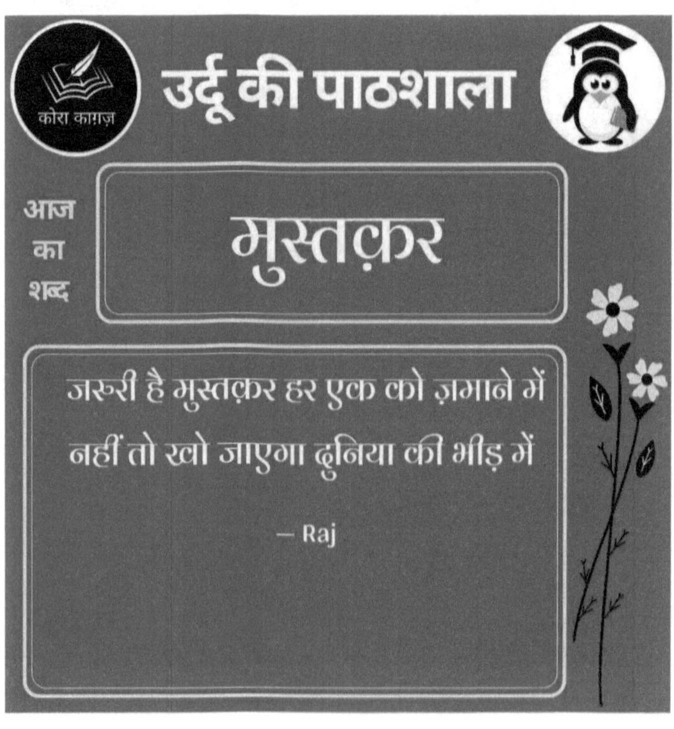

55. वफ़ूर - अधिक, अतिरिक्त

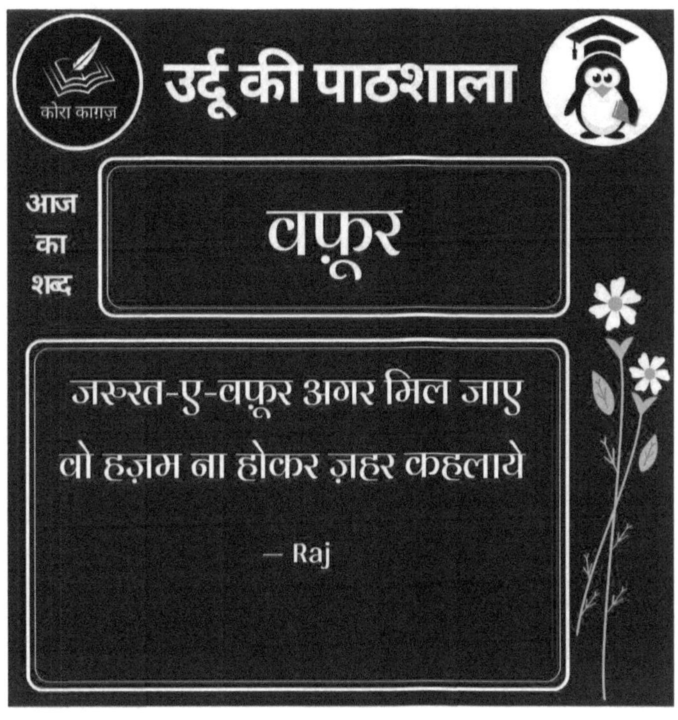

56. आम खाने से काम...

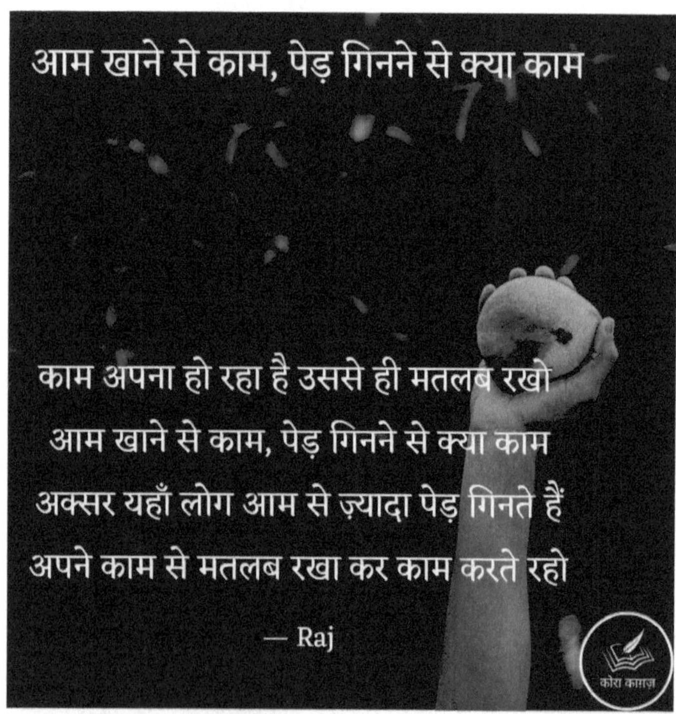

आम खाने से काम, पेड़ गिनने से क्या काम

काम अपना हो रहा है उससे ही मतलब रखो
आम खाने से काम, पेड़ गिनने से क्या काम
अक्सर यहाँ लोग आम से ज़्यादा पेड़ गिनते हैं
अपने काम से मतलब रखा कर काम करते रहो

— Raj

57. महबस - जेल, कैदखाना

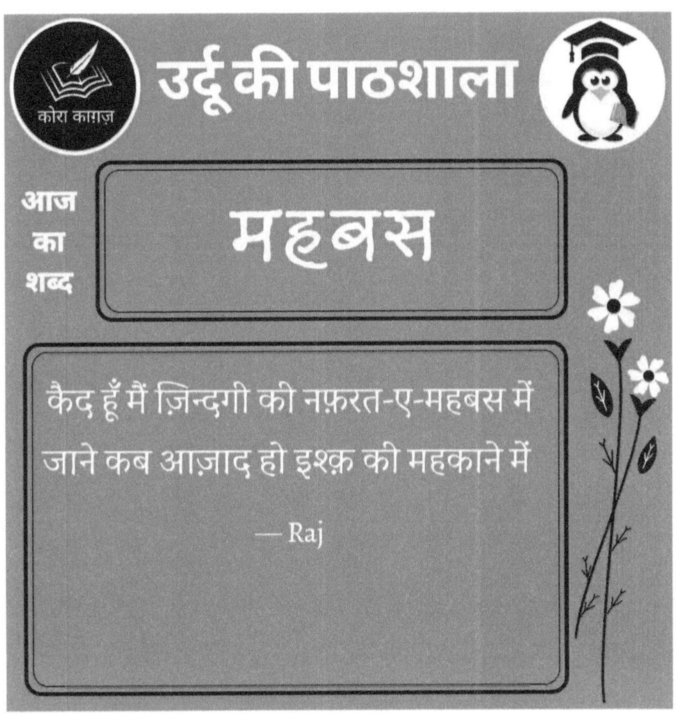

58. औंधी खोपड़ी का होना

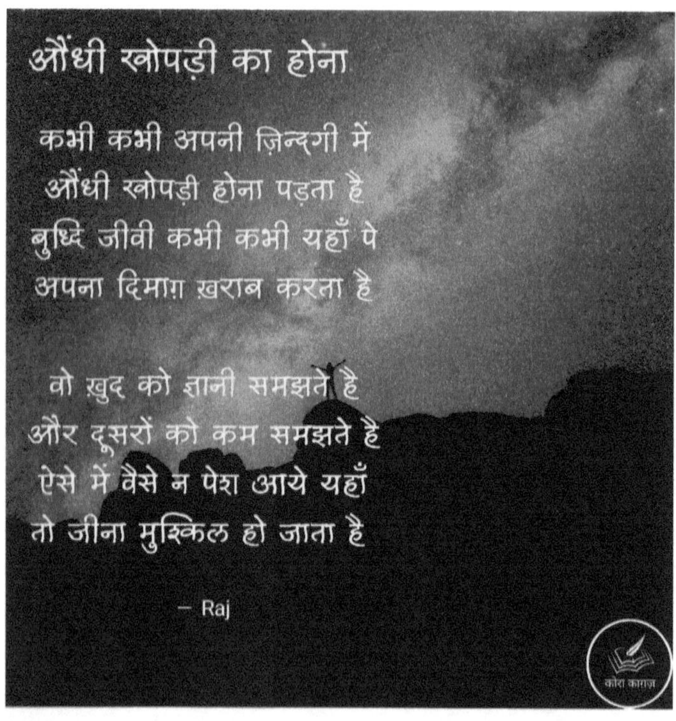

औंधी खोपड़ी का होना

कभी कभी अपनी ज़िन्दगी में
औंधी खोपड़ी होना पड़ता है
बुध्दि जीवी कभी कभी यहाँ पे
अपना दिमाग़ ख़राब करना है

वो ख़ुद को ज्ञानी समझते है
और दूसरों को कम समझते है
ऐसे में वैसे न पेश आये यहाँ
तो जीना मुश्किल हो जाता है

– Raj

59. मेरे क़रीब रहो

मेरे क़रीब रहो

कभी कभी यूँ लगता है क़रीब होकर भी बहुत दूर हो तुम
कभी कभी यूँ लगता है दूर होकर भी बहुत क़रीब हो तुम

अब क़रीब आये ही हो तो चाहता हूँ मैं मेरे क़रीब रहो तुम
तन्हाई सह नहीं पाऊ बिछड़कर अब मैं मेरे साथ रहो तुम

— Raj

60. कड़वा घूँट पीना

कड़वा घूँट पीना
कभी कभी ज़िन्दगी ऐसा दिन दिखलाता है
कभी मीठा कभी कड़वा घूँट पीना पड़ता है
ज़िन्दगी दुःख और सुःख का मिश्रण है
कभी सुःख कभी दुःख का पहाड़ उठाना पड़ता है
यह ज़िन्दगी है बस यहाँ जीना होता है
कभी खुशी तो कभी आँसू बहाना पड़ता है
इसलिए कहते है चलती का नाम ज़िन्दगी है
कभी हँसकर कभी रोकर दिन निकालना पड़ता है
— Raj

61. ताजमहल लगते हो

62. जबसे इश्क़ हुआ

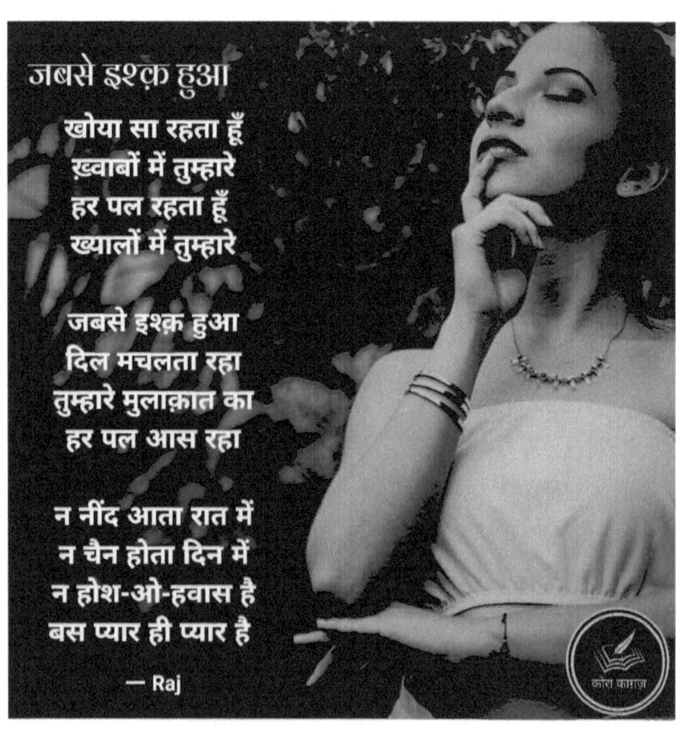

जबसे इश्क़ हुआ

खोया सा रहता हूँ
ख़्वाबों में तुम्हारे
हर पल रहता हूँ
ख्यालों में तुम्हारे

जबसे इश्क़ हुआ
दिल मचलता रहा
तुम्हारे मुलाक़ात का
हर पल आस रहा

न नींद आता रात में
न चैन होता दिन में
न होश-ओ-हवास है
बस प्यार ही प्यार है

— Raj

63. कितने आँसू और अभी

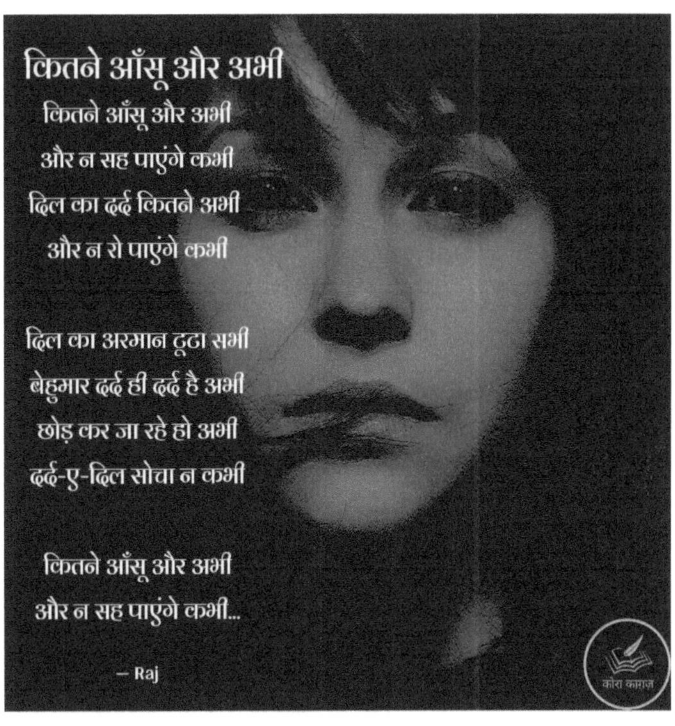

64. मेरी प्रेम कल्पना

65. आप न जावै ससुरे...

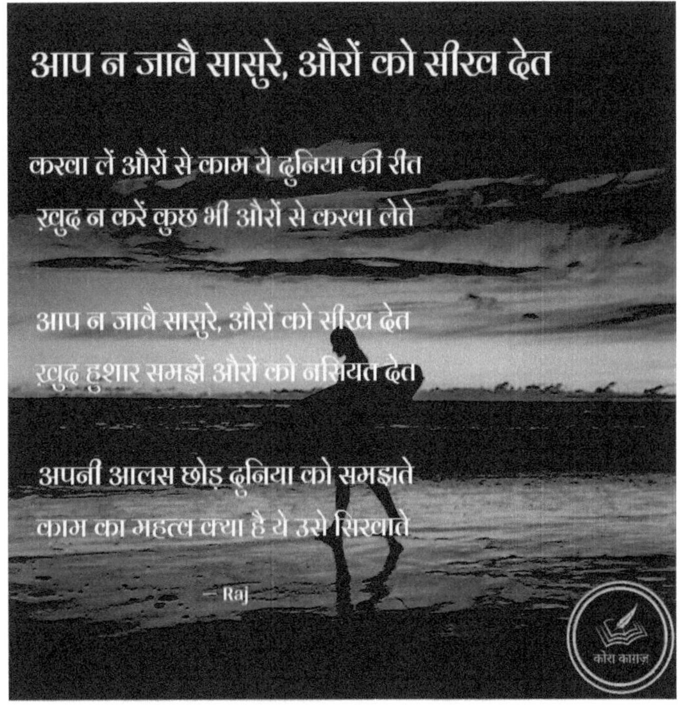
आप न जावै सासुरे, औरों को सीख देत

करवा लें औरों से काम ये दुनिया की रीत
ख़ुद न करें कुछ भी औरों से करवा लेते

आप न जावै सासुरे, औरों को सीख देत
ख़ुद हुशार समझें औरों को नसियत देत

अपनी आलस छोड़ दुनिया को समझाते
काम का महत्व क्या है ये उसे सिखाते

– Raj

66. कसाफ़त - गन्दगी, मलीनता

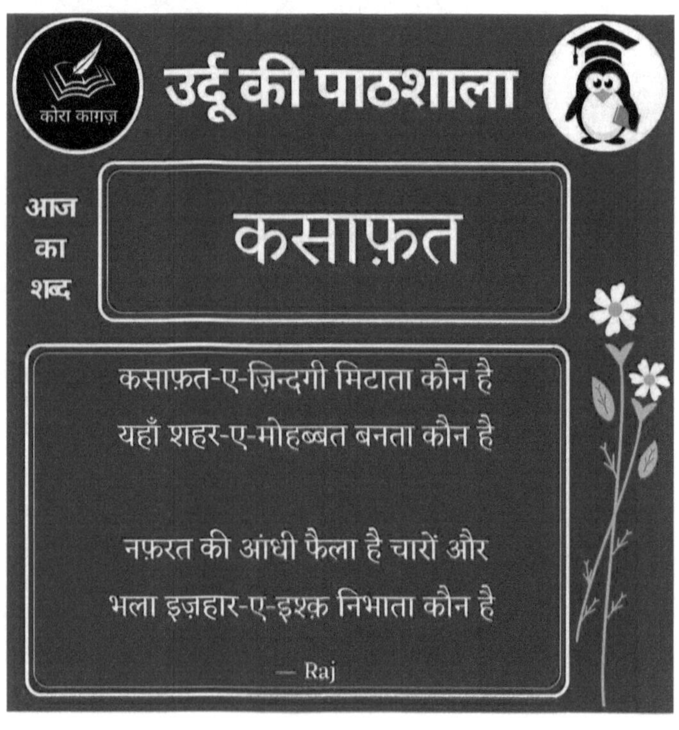

67. कुछ दूर का सफ़र

कुछ दूर का सफ़र
कुछ दूर का सफ़र
तय करना है मगर
तुम साथ हो अगर
आसान हो हर डगर

छोड़ कर न जाना
मुश्किल होगा जीना
तेरे साथ ही मैं माना
जीवन भर का रहना

कुछ दूर का सफ़र
तय करना है मगर.....
— Raj

68. अपना रख पराया चख

69. कुम्हड़े की बतिया

कुम्हड़े की बतिया

कुम्हड़े की बतिया क्या लड़ेगा तालिबान
झुक गया वो सारा माझबूर आवाम

लिया जा रहा है बेकसूर लोगों की जान
है बड़ा ज़ालिम हैवान वो सारा तालिबान

भाग रहे है लोग अपनी जान को बचाकर
जाए भी तो कहाँ सब बन गए है लाचार

अब तो आस लगा है सिर्फ उस ख़ुदा पर
दुआ करता हूँ उन लोगों पर रहम कर

— Raj

70. लाग़र - दुबला-पतला

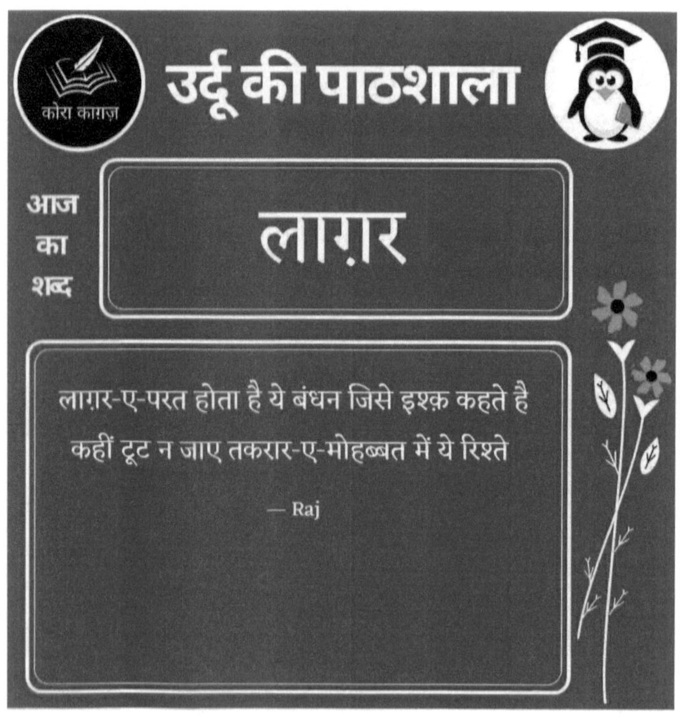

71. माह-ए-नौ - नया चाँद

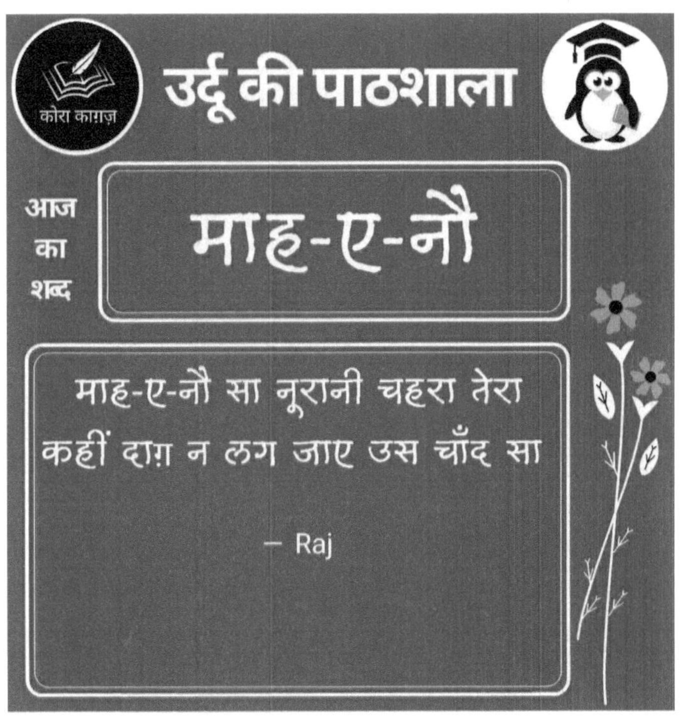

72. तू ही गीत मेरा

तू ही गीत मेरा
मधुर सा गीत, तुम संगीत मेरा
मैं तेरा साज़ हूँ, तू ही गीत मेरा

दिल की धड़कन नाच उठता है
जब देखता रहता हूँ मैं ताल तेरा

अब आ जाओ इस ज़िन्दगी में मेरा
बन जाओ दिल की धड़कन मेरा

बिन तेरे अब जी नहीं पाउँगा मैं
हो जाओ कविता-ए जान मेरा

छेड़ जाओ साथ सुरों को तुम
बन जाओ दिल की सरगम मेरा

— Raj

73. अरक़ - पसीना, रस

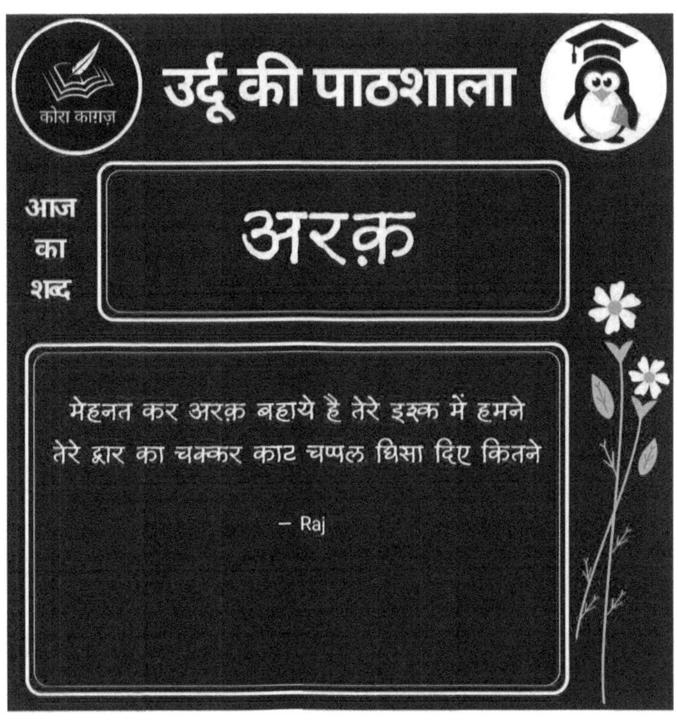
उर्दू की पाठशाला
आज का शब्द
अरक़
मेहनत कर अरक़ बहाये है तेरे इश्क़ में हमने
तेरे द्वार का चक्कर काट चप्पल घिसा दिए कितने
— Raj

74. तिल-तिल जलकर

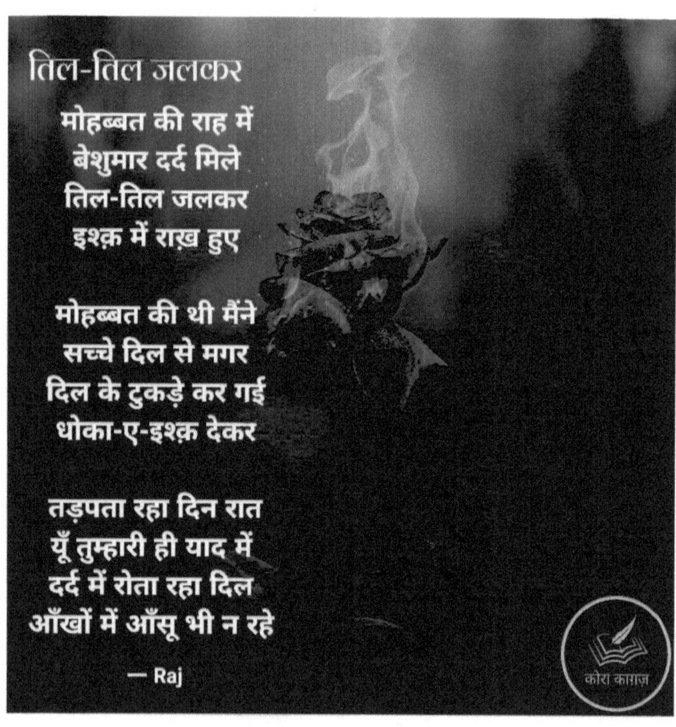

तिल-तिल जलकर

मोहब्बत की राह में
बेशुमार दर्द मिले
तिल-तिल जलकर
इश्क़ में राख हुए

मोहब्बत की थी मैंने
सच्चे दिल से मगर
दिल के टुकड़े कर गई
धोका-ए-इश्क़ देकर

तड़पता रहा दिन रात
यूँ तुम्हारी ही याद में
दर्द में रोता रहा दिल
आँखों में आँसू भी न रहे

— Raj

कोरा काग़ज़

75. दिल, धड़कन और तुम

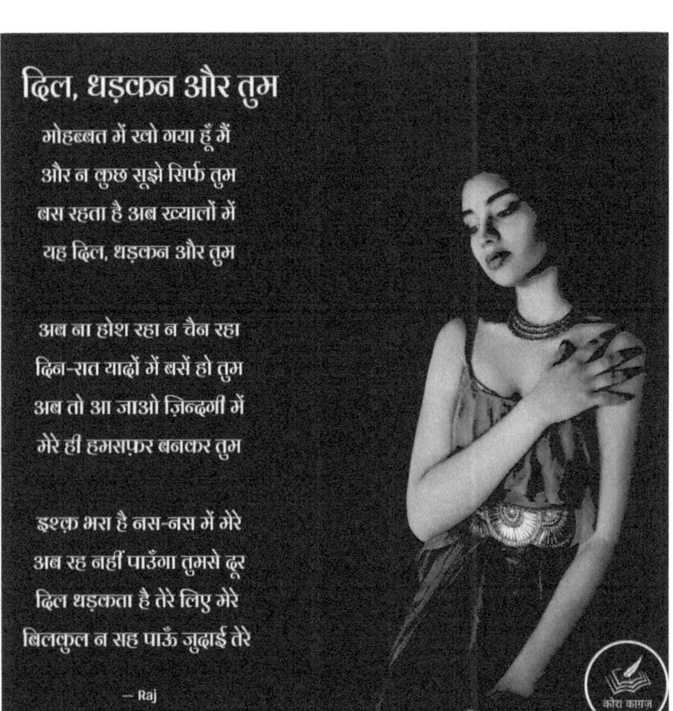

76. मग़्मूम - दुखी, परेशान

77. मुसव्विर - चित्रकार

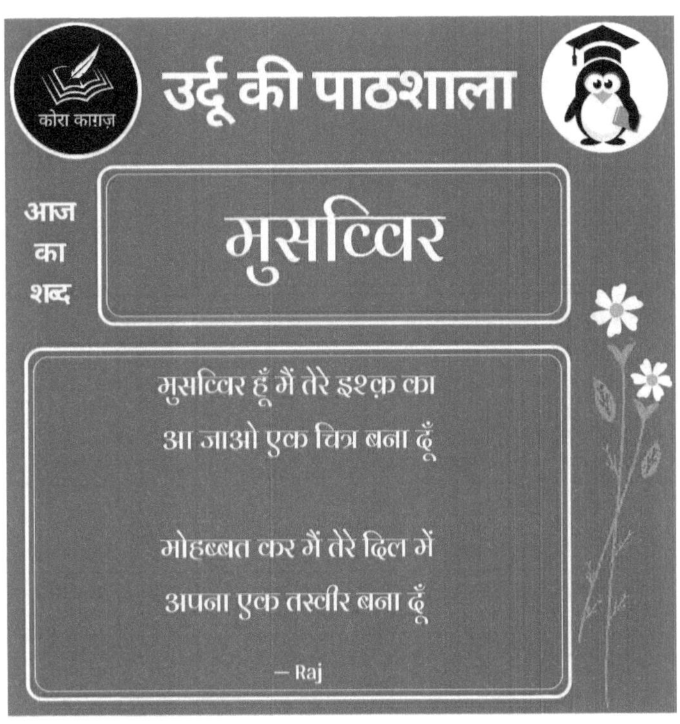

78. नाउम्मीदी में उम्मीद

79. पेशतर - पहले

उर्दू की पाठशाला
आज का शब्द
पेशतर
नफ़रत-ए-पेशतर मोहब्बत रंग लायी
क़यामत के बाद जान पर बन आई
— Raj

80. तुम्हारा नशा

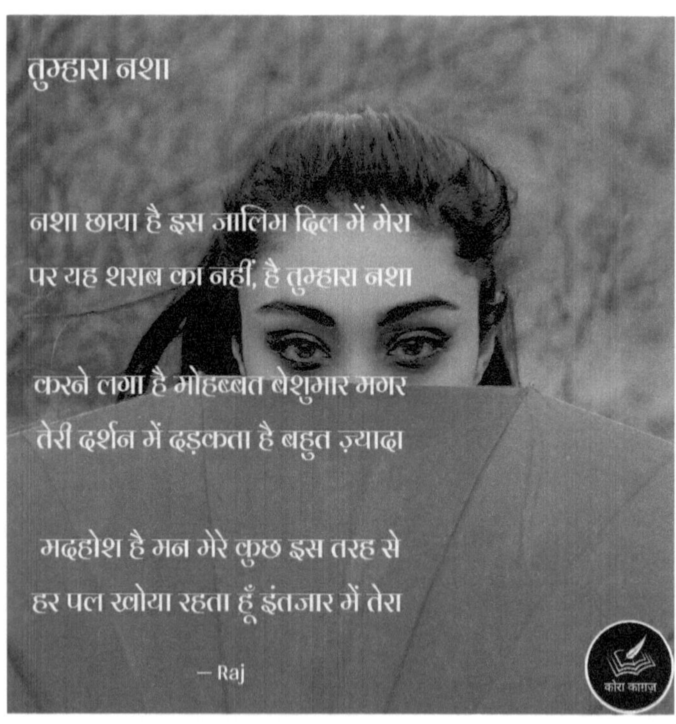

तुम्हारा नशा

नशा छाया है इस ज़ालिम दिल में मेरा
पर यह शराब का नहीं, है तुम्हारा नशा

करने लगा है मोहब्बत बेशुमार मगर
तेरी दर्शन में धड़कता है बहुत ज़्यादा

मदहोश है मन मेरे कुछ इस तरह से
हर पल खोया रहता हूँ इंतजार में तेरा

— Raj

81. दिल का आ जाना

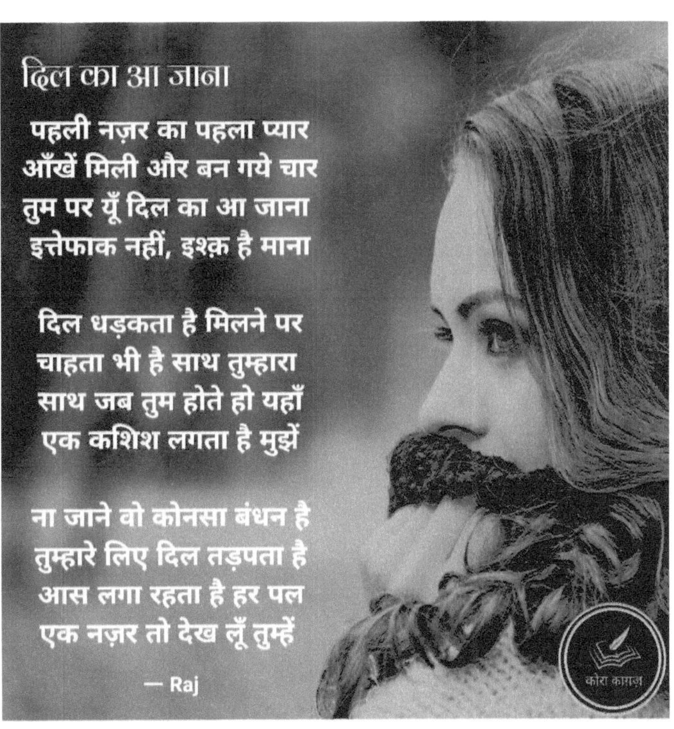

दिल का आ जाना

पहली नज़र का पहला प्यार
आँखें मिली और बन गये चार
तुम पर यूँ दिल का आ जाना
इत्तेफाक नहीं, इश्क़ है माना

दिल धड़कता है मिलने पर
चाहता भी है साथ तुम्हारा
साथ जब तुम होते हो यहाँ
एक कशिश लगता है मुझें

ना जाने वो कोनसा बंधन है
तुम्हारे लिए दिल तड़पता है
आस लगा रहता है हर पल
एक नज़र तो देख लूँ तुम्हें

— Raj

82. वो सुखा गुलाब

वो सूखा गुलाब

फूल थे तुम गुलाब का
बिछड़ कर बिकर गए
तुम हो वो सूखा गुलाब
जो इश्क़ को तरस गए

दिल टूट गया था मेरा
जब तुम मुझे छोड़ गई
देखकर तेरी बुरा हाल
दर्द दिल की और बढ़ गए

क्यों तड़प रही हो तुम
आ जाओ पास मेरे यूँ ही
इश्क़ करता हूँ मैं अब भी
गले लग जाओ मेरे यूँ ही

सारे दुःख दर्द को भूल जाए
एक नई दुनिया हम बसाये
इश्क़ में एक दूजे में खोकर
एक नया आशियाना बनाये

— Raj

83. क़लक़ - दुःख, चिंता, पछतावा

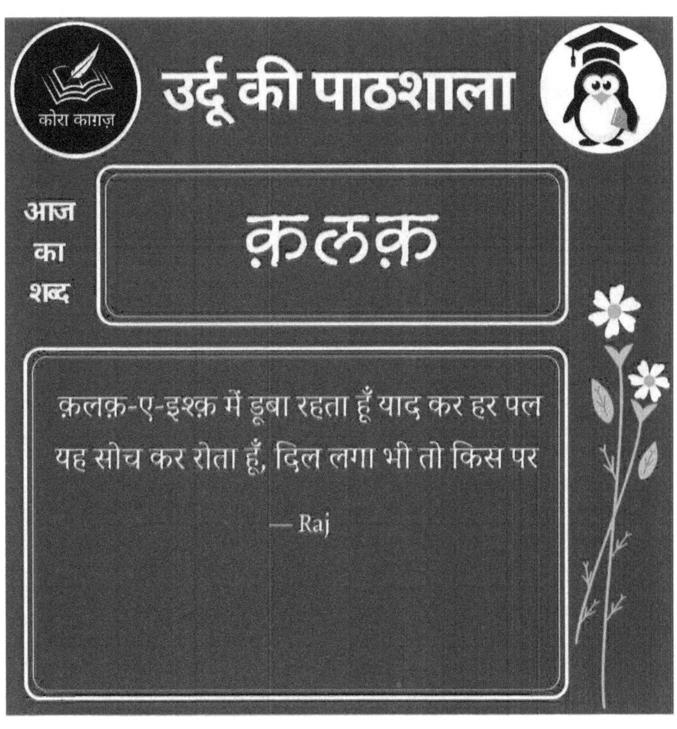

84. राह तेरी-मेरी

राह तेरी-मेरी

राह तेरी-मेरी अलग तो नहीं
मंज़िल तेरी-मेरी अलग तो नहीं
क्यों न हम-तुम एक हो जाए
रूह से रूह का मिलन कर जाए

मोहब्बत कर अपनी दुनिया बसाएँ
कायनात में एक मिसाल कर जाए
साथ रहेंगे और मंज़िल को पा लेंगे
दुनिया की सारी खुशियाँ अपना लेंगे

मिलकर अपना आशियाना बनाएँगे
इश्क़ का फूल हर रोज़ खिलाएंगे
देखकर अपनी जोड़ी दुनिया जलेंगे
ऐसा एक पवित्र बंदन में बंद जाएंगे

— Raj

85. रफ़ाक़त - भाईचारा

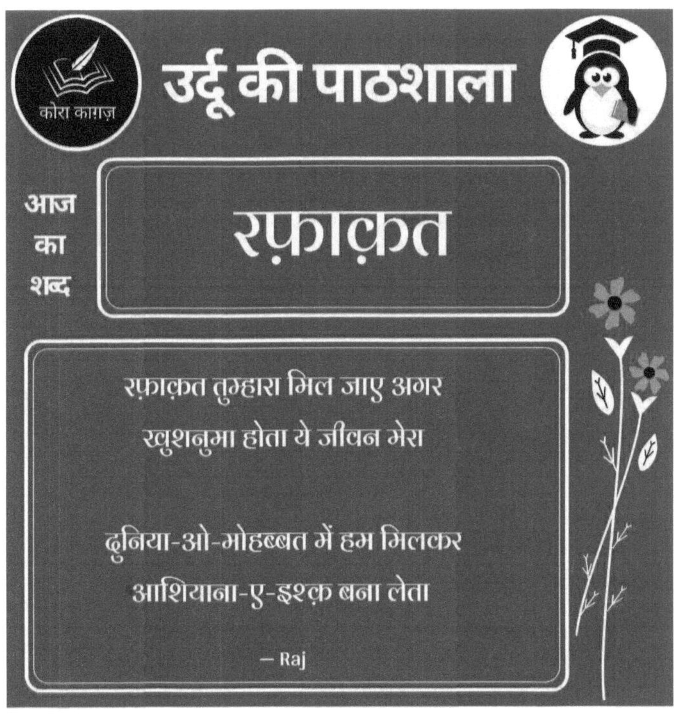

उर्दू की पाठशाला
कोरा काग़ज़
आज का शब्द
रफ़ाक़त
रफ़ाक़त तुम्हारा मिल जाए अगर
ख़ुशनुमा होता ये जीवन मेरा
दुनिया-ओ-मोहब्बत में हम मिलकर
आशियाना-ए-इश्क़ बना लेता
— Raj

86. महबूब के क़दमों में

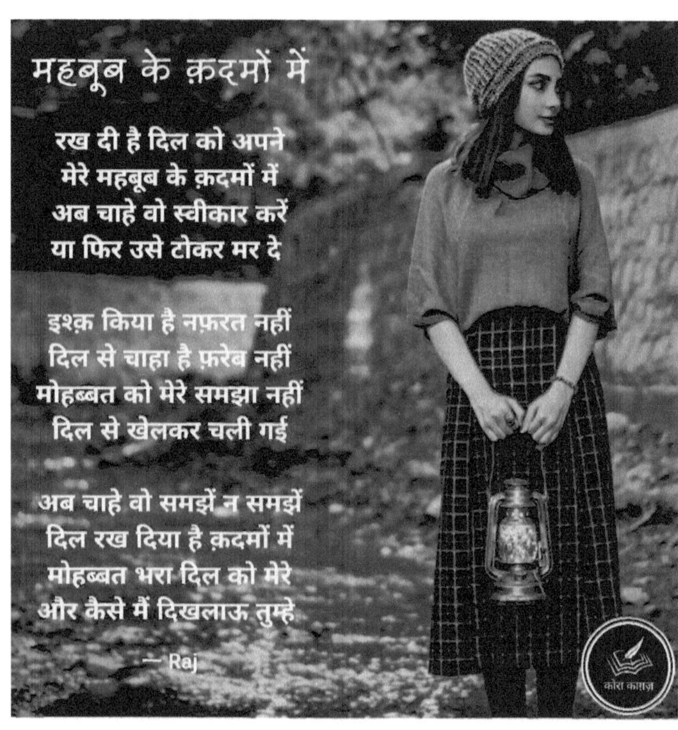

87. आँच न आने देना

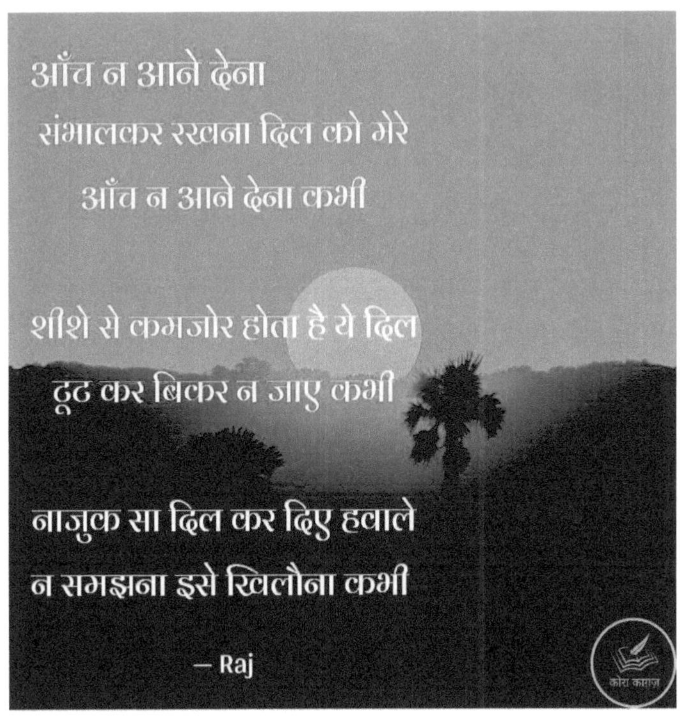

आँच न आने देना
संभालकर रखना दिल को मेरे
आँच न आने देना कभी

शीशे से कमजोर होता है ये दिल
टूट कर बिकर न जाए कभी

नाज़ुक सा दिल कर दिए हवाले
न समझना इसे खिलौना कभी

— Raj

88. आसमां से गुफ़्तुगू

आसमां से गुफ़्तुगू
तन्हाई का आलम था तन्हा गुज़ार लिया
आसमां से गुफ़्तुगू कर रात गुज़ार लिया

दिन भर किसी की चाह में वक़्त गुज़ार लिया
यूँ ही उसकी इंतज़ार में ज़िन्दगी गुज़ार लिया

— Raj

89. सन्नाटों से दोस्ती

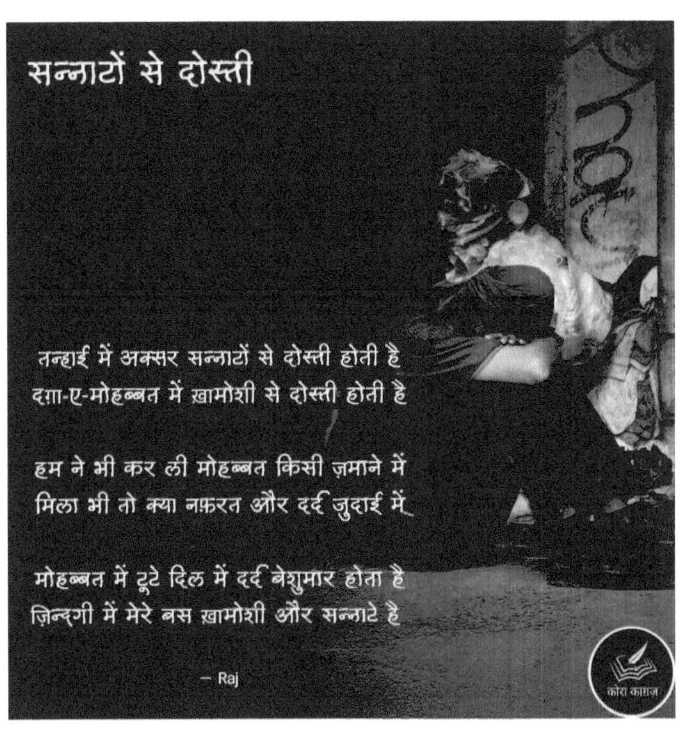

सन्नाटों से दोस्ती

तन्हाई में अक्सर सन्नाटों से दोस्ती होती है
दग़ा-ए-मोहब्बत में ख़ामोशी से दोस्ती होती है

हम ने भी कर ली मोहब्बत किसी ज़माने में
मिला भी तो क्या नफ़रत और दर्द जुदाई में

मोहब्बत में टूटे दिल में दर्द बेशुमार होता है
ज़िन्दगी में मेरे बस ख़ामोशी और सन्नाटे है

— Raj

90. तुग़्यानी - बाढ़, सैलाब

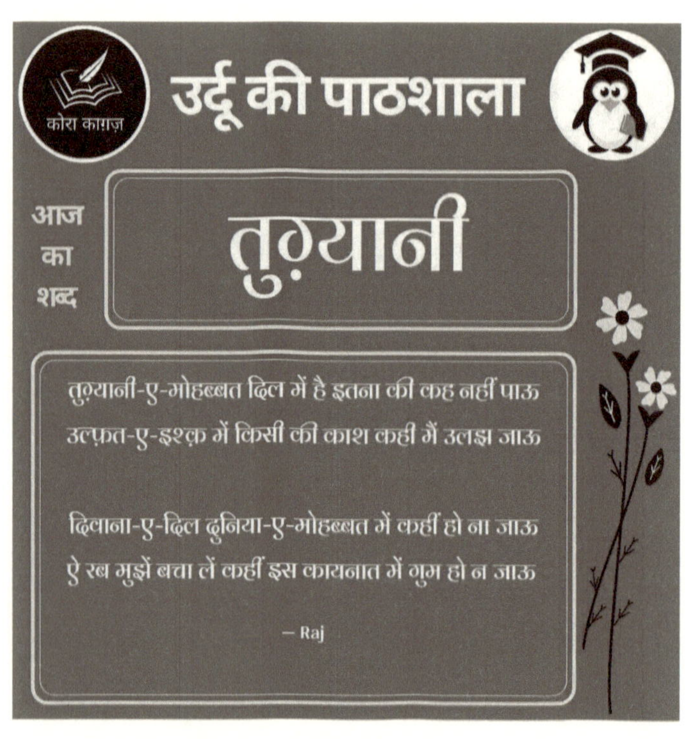

91. दीदा-ए-पुर-नम - भीगी आँखें

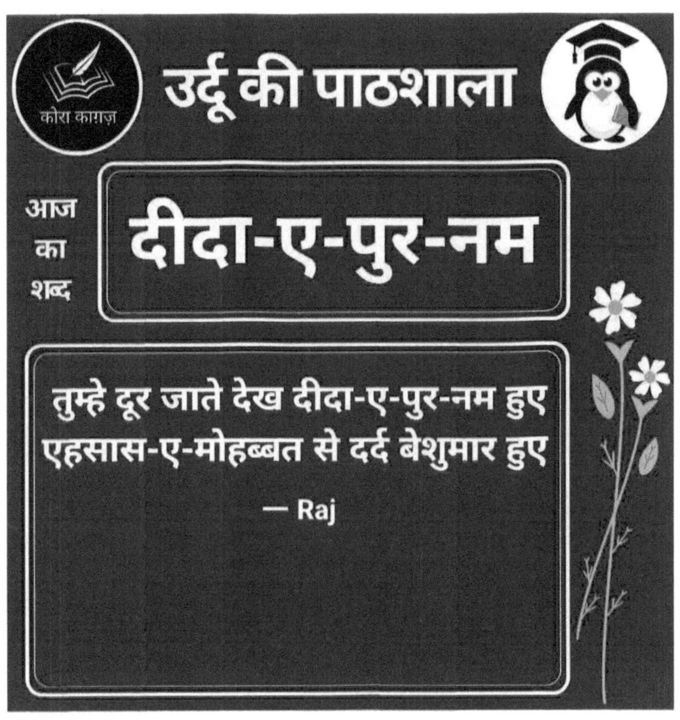

92. दिल मेरा चुरा के

दिल मेरा चुरा के

तुम कहाँ चल दिए
दिल मेरा चुरा के
ज़रा पास आओ
गले से लग जाओ

न जाओ छोड़ मुझे
जुदाई न सह पाऊ
तुम रहो पास मेरे
तन्हा न कर जाओ

चुरा लिया है दिल
दिल में बसा लो मुझे
इश्क किया है तुमसे
न दिल तोड़ जाओ

— Raj

93. उम्मीद का दामन

उम्मीद का दामन

उम्मीद थी मुलाक़ात होगी
एक दिन जरूर बात होगी
मुझसे मिलने आ जाओगी
फिर से प्रेम बरसात होगी

उम्मीद का दामन छूट गया
दिल का अरमान टूट गया
तुम मुझसे दूर चला गया
इंतजार में आँसू सूख गया

दिल में कोई अरमान न रहा
खामोशी हर जगह फैल रहा
ख़्वाहिश भी कोई अब न रहा
बस अब यूँ ही जिए जा रहा

— Raj

94. ऊँगली पकड़कर...

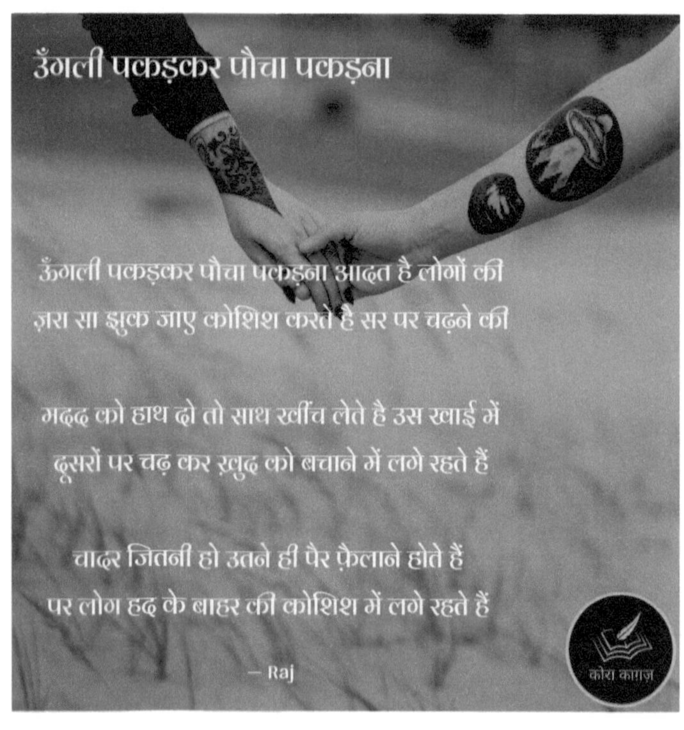

ऊँगली पकड़कर पौंचा पकड़ना

ऊँगली पकड़कर पौंचा पकड़ना आदत है लोगों की
ज़रा सा झुक जाएं कोशिश करते है सर पर चढ़ने की

गढ़ढ को हाथ दो तो साथ खींच लेते है उस खवाई में
दूसरों पर चढ़ कर खुद को बचाने में लगे रहते हैं

चादर जितनी हो उतने ही पैर फ़ैलाने होते हैं
पर लोग हद के बाहर की कोशिश में लगे रहते हैं

— Raj

95. बेवजह तो कुछ नहीं

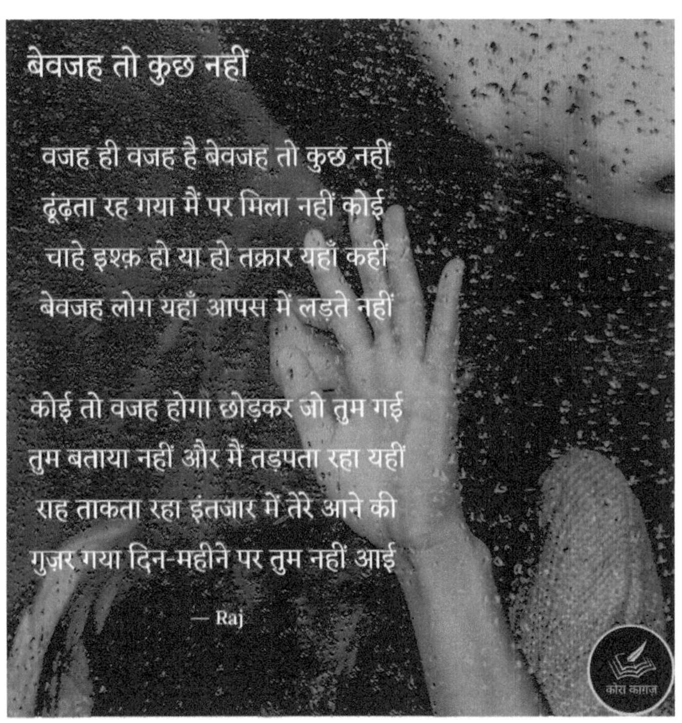

96. अच्छा लगता है

अच्छा लगता है
वो चुप चुप कर मिलना
मिलकर हँसना हँसाना
साथ यूँ ही वक़्त बिताना
सब अच्छा लगता है मुझें

साथ पाकर इश्क़ निभाना
यूँ मुझसे तेरा गले लगाना
निघाहों से इशारा करना
सब अच्छा लगता है मुझें

— Raj

97. वो सच्चा फ़रेबी

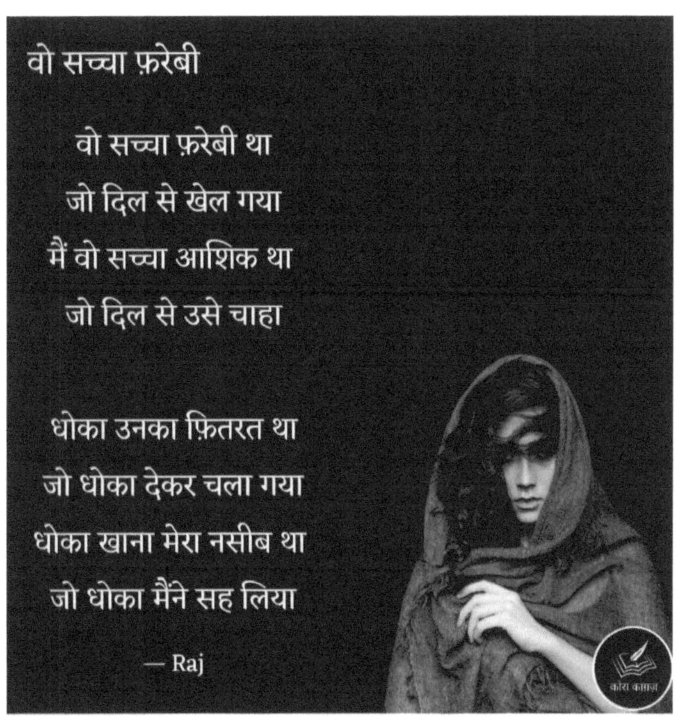

वो सच्चा फ़रेबी

वो सच्चा फ़रेबी था
जो दिल से खेल गया
मैं वो सच्चा आशिक था
जो दिल से उसे चाहा

धोका उनका फ़ितरत था
जो धोका देकर चला गया
धोका खाना मेरा नसीब था
जो धोका मैंने सह लिया

— Raj

98. वतन की सौंधी मिट्टी

99. कहाँ आ गए हम

कहाँ आ गए हम

यह कहाँ आ गए हम
तेरे इश्क़ में चलते-चलते
जहाँ ख़ुशियाँ होनी चाइए
वहाँ बेशुमार दर्द लिए हुए

चाहा था तुम्हें जी जान से
चाहत का क्या सिला दिए
तुम तो ख़ुशियाँ मनाता रहे
और हम दर्द में तड़पते रहे

यूँ ही वफ़ा हम निभाते रहे
और तुमने बेवफ़ाई किए
कैसे यक़ीन मैं करता तुम्हें
धोका बार-बार तुम देते गए

— Raj

100. ख़फ़ा-ख़फ़ा ज़िन्दगी

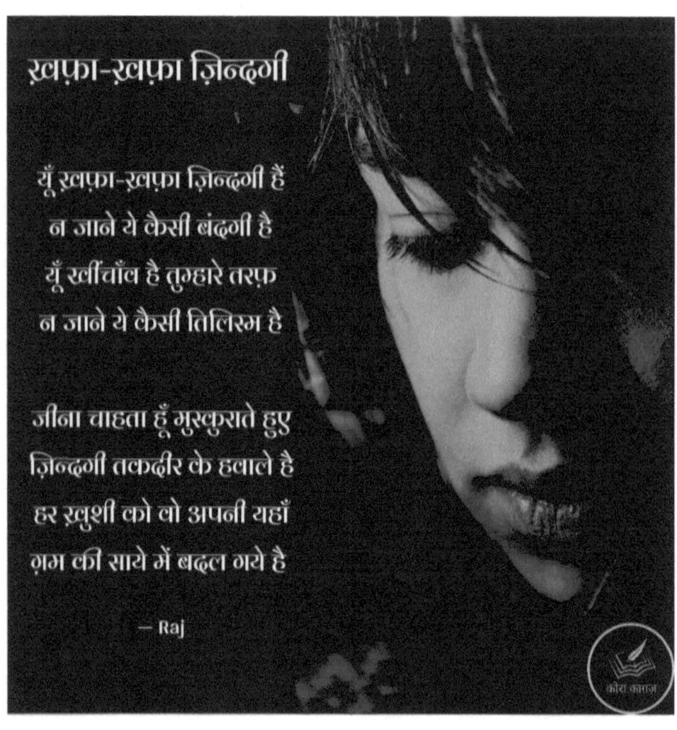

अस्वीकरण

सभी रचनाएँ कल्पना पर आधारित हैं। इसका लेखक के जीवन या ब्रह्मांड में किसी से कोई लेना-देना नहीं है। सभी लेख काल्पनिक हैं और किसी जीवित या मृत व्यक्ति से कोई समानता नहीं है। यदि कोई समानता है तो यह मात्र संयोग है।

लेखक की जीवनी

श्री के.सी. श्रीराज मेनन, जिनका जन्म केरल के एक संपन्न परिवार में 09 सितंबर 1973 को श्री कोझीपुरथ संकुन्नी मेनन और श्रीमती किज़हारा चालापुरथ सेथुलक्ष्मी मेनन के घर हुआ और महाराष्ट्र में अधिवासित हैं। वह बचपन से ही तेज-तर्रार शायरी करते थे, कहते और भूल जाते थे। एक बार उनके एक करीबी दोस्त ने इस पर गौर किया और उन्हें जो भी कविताएँ या उद्धरण कहते थे, उन्हें लिखने के लिए मजबूर किया और तब से उन्होंने लिखना शुरू कर दिया। उन्होंने अपनी कविताओं और उद्धरणों को अपने और अपने करीबी दोस्तों के पास तब तक सीमित रखा जब तक उन्हें अपने कामों को ऑनलाइन लिखने के लिए एक मंच नहीं मिला। वह Your Quote साइट पर एक सक्रिय लेखक हैं और उन्हें प्रतियोगिता के लिए कई प्रशंसापत्र और प्रमाणपत्र प्राप्त हुए हैं। वह एक बहुभाषी लेखक हैं और उनका लेखन विस्मयकारी है। चाहे वह अंग्रेजी, हिंदी, उर्दू, मलयालम और मराठी हो, वह सभी भाषाओं में उत्कृष्ट है। वह कई दिलचस्प लेखकों के लिए एक बड़ी प्रेरणा भी हैं। वह मुंबई विश्वविद्यालय से स्नातक हैं। वह एक एकाउंटेंट हैं और एक स्व-शिक्षित कंप्यूटर इंजीनियर भी हैं। उनके कौशल शीर्ष पायदान पर हैं और उनके पास कई प्रमाणपत्र हैं। अभिनय, लेखन, पेंटिंग और नृत्य और संगीत सुनना आदि... आदि उनके जुनून हैं।

Mail Id.: shreeraj_m@yahoo.co.uk

9 7 9 8 8 8 8 6 9 7 7 1 9